李维文 | 著

关系力②

10%的关键人物成就90%的大事

天地出版社 TIANDI PRESS

图书在版编目（CIP）数据

关系力 2：10% 的关键人物成就 90% 的大事 / 李维文
著 . —成都：天地出版社，2020.8
ISBN 978-7-5455-5737-4

Ⅰ . ①关… Ⅱ . ①李… Ⅲ . ①人际关系学—通俗读物
Ⅳ . ① C912.11-49

中国版本图书馆 CIP 数据核字（2020）第 088171 号

GUANXI LI 2: 10% DE GUANJIAN RENWU CHENGJIU 90% DE DASHI

关系力 2：10% 的关键人物成就 90% 的大事

出 品 人	杨 政
作 者	李维文
责任编辑	王 絮 沈海霞
封面设计	主语设计
内文排版	冉冉工作室
责任印制	葛红梅

出版发行 天地出版社
（成都市槐树街 2 号 邮政编码：610014）
（北京市方庄芳群园 3 区 3 号 邮政编码：100078）
网 址 http://www.tiandiph.com
电子邮箱 tianditg@163.com
经 销 新华文轩出版传媒股份有限公司

印 刷 河北鹏润印刷有限公司
版 次 2020 年 8 月第 1 版
印 次 2020 年 8 月第 1 次印刷
开 本 880mm×1230mm 1/32
印 张 7
字 数 174 千字
定 价 45.00 元
书 号 ISBN 978-7-5455-5737-4

有一次，我到新加坡出差，受邀参加了新加坡国立大学商学院（NUS Business School）举办的"财富与人际关系"论坛。这一主题旨在讨论人际关系在财富积累中的作用。福莱国际传播咨询公司（Fleishman Hillard）亚太区高级副总裁施颖妍提出了一个观点：人一生中可以"有效利用"的财富，取决于他社交关系的质量。

她解释说，在传统的观点中，一个人经营关系的能力可以决定他事业的发展高度，仿佛有关系事业就可以发展好。但实际上，这种观点存在很大的"幸存者偏差"。大量的案例表明，许多人缘很好的人过得并不好，赚了钱也没有留住，因为在开发和利用人际关系这件事上，他们缺乏一种关键的能力——将所拥有的关系转化为自己的生产力。打个比方，也许你有运气赚到一个亿，但要想让这一个亿的财富稳健地增值，便需要优秀的专业人士的帮助。这就是关系为你带来的生产力。

这种稀缺的能力，就是本书提到的"关系力"。今天我们做很多事情都要与别人打交道，这里面既涵盖了身边的熟人（强关系），又包括无处不在的陌生人（弱关系）。将这两种关系经营得很好并提取可以帮到自己的生产力，是我们把握机遇、将人生建设得更好的前提。论坛结束时，施颖妍女士总结说："尽管是财富的'挖掘机'，但关系并不是一个功利的工具，我们从生命一开始便有了社交，社交便意味着关系。谁能与社交断绝关系呢？可以肯定地说，没有人能够做到！"

社交与人的生产力是如此息息相关，拥有强大的关系力，你才能在今天这个时代如鱼得水。斯坦福商学院（Stanford Graduate School of Business）曾经对全球 1000 名各行各业的成功者做过一次调查。结果显示，76% 的人获得的第一桶金都来自关系。比他们有能力的竞争者数不胜数，但机遇却落到了他们的手中，关系的力量就是这么强大。

有一家企业的 CEO 直白地描述他是怎样渡过生死关的："我的大学同学是融资机构的代表，谈判异常顺利。"如果没有这层关系，他的企业在最艰难的阶段不可能很快获得投行的青睐。也许终有一天会有投资者用放大镜看到他的能力，但那时他早已经被后浪拍死在沙滩上了。

这是十分残酷又无法回避的现实。除非你躲在家里，不做任何与社交有关的工作——可即便买卖外汇、投资期货股票、艺术创作这样看似不与人接触的职业，你也需要通过特定的关系收集和了解第一手信息,拓展自己的视野。我们从牛下来到死去,每一分钟都被关系的力量影响着。

在移动互联和信息化时代,人与人的联系比过去的任何时候都更为频繁、紧密,经营关系不再是一种时间战(靠时间催化友情),而是一种与效能有关的战争(你可能只有一两次机会)。那么,我们就需要有针对性地提高这种能力,让自己的社交效率更高,让自己的关系质量更好,使其转化为自己的生产力。

在本书中,我们会探讨不同的几种关系对于人生的影响,以及如何加强自己的社交能力,利用和挖掘社交的机遇,让高质量的关系为自己服务。这其中既包括与熟人的社交,也包括我们时时需要面对的和陌生人的社交。

在书中,我会通过国内外一些通俗易懂的案例,尤其是我多年来的亲身经历和成功者的经验分享,从不同的方面向读者讲述建设、提高关系力的原则,阐述应该如何打动别人、建立高质量关系和提升社交效能的实用策略。我在书中提供了一个简单易行的社交体系,只要每个人都能清楚地知道自己想要的是什么,对自己的人生有着缜密的计划,借鉴书中对应的知识和策略,就一定能够在较短的时间内大幅度提高自己的关系力,从社交中获取应有的回报。

目 录 |CONTENTS|

CHAPTER 06 ——————————————————— 第六篇
爱人篇

CHAPTER 07 ——————————————————— 第七篇
知己篇

第一篇

CHAPTER 01

同学篇

从小伙伴到同学，关系学里的第一桶金

　　贝林斯顿在波士顿的市郊小镇创办了一家同学会，并且注册成立了一家社交网站，以帮助有需求的人们在这里联络自己当年的同学，找回美好的过去。他告诉我，现在人们赚钱越来越困难，生存也越来越不容易，看起来迎来了好时候，实际上却步履维艰。为什么呢？不是我们的机会少了——事实恰恰相反，现实中的机会是越来越多的。可问题是，大部分人既没有想法，也没有人脉。他们没有信得过的人，年轻时就没打好这个基础。

　　"他们活到 30 岁时却发现，自己的过去好像一片空白，就像踩在云彩上，完全没有根基。"

　　你看，下面就是两个特别现实的问题。

第一：门路是什么？

　　我们想做一件事，想创业，想有所进步，都需要一个人来指路，帮你避开湍急的河流，让你平安地走过去。这就是门路。它表面上指的是一条路，本质上是在讲"人"。"人"就是门路。

从某种程度上来说，没"人"你就没门路。过去的老同学，就是现实世界中你的重要资源的构成部分。

第二：伙伴又是什么？

小伙伴和我们的情谊相比同学更加深厚一些，人人都想拥有两三个长期相处、互帮互助的伙伴，生活和工作中可以彼此扶持。比如，大学毕业后和你一起创业的朋友，可以称之为伙伴；从学生时代就和你是很要好的同学，到社会上仍然和你联络，你们互相提供帮助，成为密友，这样的人也是一种伙伴。

我们这一生都离不开伙伴。在女人眼中，伙伴就是闺蜜；在男人眼中，伙伴则更像是兄弟。它比同学关系更高一级，因为同学关系一般都是短暂的，毕业以后多数同学都各奔东西，有了自己的事业和家庭，彼此的联系少了。但伙伴关系则是一种较为长久、牢固，并且有一些利益关系的友谊。

在上学时，我们最容易交到朋友。学生时代，人的心思单纯，没有太多功利和复杂的想法，人们年轻热情、积极向上，对未来充满了美好的想象。这些美好的理想构成了我们共同的目标，我们在一起热情地讨论与争论，袒露自己的内心世界，既去了解对方，也让对方了解我们。这种状态很容易让我们对同学的性格、爱好和脾气有深入的了解，也就可以迅速地建立朋友关系，并从中找到未来的伙伴。

如何与不同领域的人建立交集

当两个人未来的发展方向不同时，比如研究的兴趣和工作的领域出现了不同，建立交集就成了一件极其重要的事情。

假如十年后的某一天，你遇到了老同学，你们又同在一座城市工作，恰好当年你们的关系也不错。这很幸运，不是吗？但是，他现在从事科研工作，而你却是娱乐报社的记者，你们两个人工作的领域八竿子也打不着，井水不犯河水，你们双方怎么建立牢固的联系呢？答案就是寻找交集！

面对这种情况，你要这样想——虽然彼此的工作领域不同，但可以寻找其他焦点：你们两个人是否都拥有进取心且正在奋斗中？你们两个人对待未来的态度是否都是积极的？你们两个人是否遇到了相似的困惑或者产生了某些相同的想法，比如家庭生活中的情感问题？只要有一条吻合，你们的交集就出现了。

这就是建立联系的切入点，即使对方在学生时期与你关系一般也不要紧，因为现在你们拥有了新的起点。你可以主动地加深与其交往的程度，经常与对方沟通，找到共同的话题。当然，假如对方是一个凡事都很热心的人，事情就更好办了，你就更容易和他建立更深一层的关系，把过去的同学关系变成伙伴关系。

在我们运用上面的方法时，还应采取另一种方法：以点带面，扩大交往。那就是从一个人开始，延伸出来二级和三级人脉，以扩大交往的范围。比如，过去与这个人要好的同学，现在和这个人要好的同事、朋友等，都能通过一定的途径带进来，进入你的社交目录。你可以从中加以取舍，进行有针对性的交往。

有的人告诉我，他们在学生时期不太引人注目，觉得现在对同学关系加以利用有很大难度，自己交往的范围也很有限。但是，时间过去十年以后，你现在大可不必受限于过去的经验，而让自己的想法变得消极。因为每个人在踏入社会以后，总会发生比较大的变化。我们在社会上所接受的磨炼是不同的，绝大多数的人会受到社会的洗礼，改变过去的个性。这就是很多在学生时代不起眼的人毕业后却大放光彩的原因，也有人在学校中比较出众，参加工作以后却默默无闻。

还有一点需要说明，人们在进入社会后都会懂得人脉资源的重要性，人人都渴望与老同学（及其关系人）建立联系，从中获取机会。所以，有时候我们即使与完全陌生的人（比如同学的关系人）也能相处得很好，甚至关系好得超过了中间人（同学）。我们如果注意与更多的同学及其二、三级关系人建立联系，我们的交际圈就会越来越大。

案例 1——大多数同学会成为同行

1935 年，赫赫有名的画家吴冠中在好友朱德群的指点下，成为被誉为"画家诞生之地"的国立杭州艺专的一员。在此之后，他又遇到了赵无极，他们可谓相知恨晚。三人并称为绘画领域"三剑客",且被传为佳话。

案例2——著名的"七八级"

已成为社会中流砥柱的"七八级"毕业生是非常特殊的,他们代表着国内恢复高考制度以后出类拔萃的首批大学生。社会各领域的佼佼者很多都是从这批大学生中诞生的,这被称为"七八"现象。

这些人中,闻名遐迩的是北京电影学院那批高才生。知名度很高的"中国第五代导演"有导演系的陈凯歌、田壮壮、李少红、胡玫,摄影系的张艺谋与顾长卫,这些人均出自北影七八级毕业生。

与此同时,中央音乐学院在当年也将一批音乐人才会聚到了一起。著名音乐家谭盾在这一年拿了一把小提琴,奏响了一首乐曲,成了中央音乐学院作曲系七八级的一员,与之一同学习的同学有:周龙、张丽达、陈其钢、陈怡、刘索拉、郭文景、瞿小松以及苏聪——中国首获奥斯卡奖项的人。

刘索拉写过一本书,她在书中说:"在那种极度痴迷于音乐的环境中,你别无选择,一定会成为其中的一员。"

在大学阶段,谭盾、郭文景、陈其钢、瞿小松被称为中央音乐学院的"四大才子",四人先后开音乐会,无论是谁开,他们都是商家热捧的对象。毕业之后,这些学生扛起中国现代作曲的大旗,被称为中国作曲领域的"黄金一代"。

案例 3——腾讯的"四轮驱动"

1998 年的秋天，马化腾与张志东一同建立了如今赫赫有名的腾讯公司。公司建立后，又有三位股东加入，他们是陈一丹、许晨晔和曾李青。张志东、陈一丹、许晨晔都是马化腾学生时期的同学，他们共同形成了腾讯公司有名的"四轮驱动"模式。

案例 4——微软公司建立过程中，比尔·盖茨的同学的力量

1967 年，比尔·盖茨被他的双亲送到了西雅图的湖边学校，他与同班的保罗·艾伦结为好友。6 年以后，盖茨被哈佛大学录取，他在这里与舍友史蒂夫·鲍尔默结识，艾伦和鲍尔默后来都成为盖茨创立微软公司的得力助手。

进入哈佛大学 3 年后的 11 月，比尔·盖茨提交了退学申请，与艾伦共同注册了微软商标并成立了微软公司，那时候盖茨与艾伦才刚刚 20 出头。经过比尔·盖茨的劝说，鲍尔默也加入了微软公司，后来鲍尔默成了微软公司的首席执行官。

先从最容易联络的人开始

小伙伴和同学的力量到底有多强大，从上一节的例子中我们已经看到了。但是，从哪儿开始找回他们的力量才是实战的第一

步。毕竟我们不能拿着同学录坐在书房中挑来挑去，或者随机地拨打电话。盲目地行动是不行的，要有理性的计划，要走进他们的世界，认真寻找与他们的交集，然后才能与他们擦出火花。

我的建议就是，不论你从事的是什么行业，都应从最易联络的同学开始。

1. 先估计一下他们的联络难度，衡量一下这些备选者与你的熟悉程度，找出难度较低的人来。

2. 与他们建立联系、创造出交集后，再从他们开始扩大你的交往范围，与他们的同学和关系人制造更多的交集，直至搭建一个由同学关系串联起来的社交平台，来为你的人生助力。

胡先生是我一位多年的朋友，他年轻时在日本和韩国打过工，什么杂活都做过，也曾经拮据到租不起廉价公寓，只能睡在天桥底下，与流浪汉为伍。但他20年后取得了巨大的成功。现在，他是美国加州伯克利地区的一家传媒公司的主管，拿着丰厚的薪水，还有长达3个月的带薪年假，经常在中国和美国之间飞来飞去，是人们眼中当之无愧的成功者。

他说："早在6岁时，我就被父母带到了日本，除去半年的适应期，我认为，自己的事业随之就开始了。别人还在学校玩闹时，我就已经被迫考虑应该为自己的人生准备什么，应该如何让自己成功地生存下去。"

回忆起那段时光，胡先生印象最深刻的是他8岁左右认识的一些伙伴，还有同在华人学校读书的孩子。至今，他去日本和韩国出差时，仍会带很多方便面过去送给那些老朋友，因为这是他们小时候经常一块吃的"美食"。把这当作礼物，也是他们当时的约定："不管将来谁发达了，一定多买些方便面给大伙吃！"

对此他笑言，尽管方便面的保质期很长，但很多朋友都舍不得吃，放在家里过期了。他们都觉得这是几十年友情的见证，守着它，总比吃进肚子里要好。

我们这一生都需要和同学搞好关系，这是我们建立社交关系的第一步。同学是我们不可缺少的资源，尤其是在毕业后，大家都希望碰到给力的老同学，如果缺乏老同学的帮忙，很多事情就办不成。

有一首经典的老歌这样唱道："睡在我上铺的兄弟，无声无息的你，你曾经问我的那些问题，如今再没人问起，分给我烟抽的兄弟，分给我快乐的往昔……"这首歌曲就道出了同学之间的情谊。

人们也会时不时地这样感叹："年年岁岁花相似，岁岁年年人不同。一出校门，我们就各奔东西，在茫茫人海中再次相遇，不知我们还能不能认出彼此。"

性格开朗的小张大学毕业以后，来到北京工作。工作之余，他几乎把全部的精力都用在了搭建以工作为重心的人脉圈上了。前几天，公司有一笔业务，合作方不肯签单。回到租住的房屋，躺在床上，小张仍在计划着明天的工作如何推进。

然而，小张费尽心思想出了很多办法，该公司的领导却迟迟没有签单。这一天，小张一筹莫展地来到了这家重要的客户公司的总部，希望能有个机会见到对方的领导，苦苦等待了两个小时，仍然没有找到机会。眼看就要绝望了，小张正琢磨回去如何向老板交代，肩膀突然被人重重地拍了一下："嘿，小张！没把我忘了吧？我可是记得很多次吃饭，你帮我占位置呢。走，今天我请你吃饭去！"

小张回头一看，惊讶地发现竟然是自己的大学同学小刘。"你来这儿干什么？"小刘笑道："我在这儿工作啊！"小张苦笑着说："老同学呀！我恐怕是没工夫和你一起去吃饭了，这里有一个单子还没签下来呢！"

小刘接过他手中的协议看了看说，"我以为是什么呢，这个单子我帮你签了，别耽误我们吃饭。"小刘拿着他的合同就走向了那位领导的办公室。一会儿就见他笑眯眯地出来，该公司的领导已经在上面签了字。

事情就这么简单地解决了，小刘恰好在这家公司工作，而且正好和那位领导的关系十分不错。确切地说，小刘的部门与那个人的部门存在重要的业务对接关系，对方于是给他几分面子。

对此，小张忍不住感叹："忙活了几十天，比不上老同学的一句话。"他这才发现，老同学是自己最好的资源，很多时候都是自己用工作忙的借口将其忽视了，才没有想到这一层。如果他早想到调查一下自己在该公司的同学资源，可能早把这次合作促成了。

　　同样是同学关系，也分好坏。好同学会对你的事业产生强大的助力，坏同学则可能会毁掉你的事业。

　　小李也是一家公司的销售员，工作起来勤勤恳恳，兢兢业业。在一次开展业务时，他发现对方的业务主管居然是自己的老同学，小李想起上学时，由于这位同学的家庭条件不好，他有时候还故意找碴儿嘲笑人家。没想到，现在对方居然比自己发展得还好，这笔本来很看好的业务也没有谈成。

　　想起这件事，小李总会忍不住深深地叹息："悔不当初！"他连开口的机会都没得到，对方一看是他，压根儿就不想搭理他。

　　一定要珍惜你身边的每一个同学，不要留下遗憾的种子。你在过去珍惜了这种关系，它就会在你的心里生根发芽，开花结果，你的手上也会留有余香。

　　有一群出色的小伙伴和同学，并把和他们的关系维护好，对我们最重要的意义是什么呢？

　　胡先生说："我觉得在一起玩当然很好，但更关键的是在这个玩的过程中建立友情，并且找到共同的兴趣和追求。这么长的时间，大家一起成长，等到都长大以后，你会发现自己原来积累了这么宝贵的人脉资源。他们和你的感情是很深的，真的称得上能为对方两肋插刀，不管你想做什么，遇到什么问题，他们中的一些人始终可以帮助你。"

　　胡先生 18 岁开始做生意，摆摊卖衣服，也收过废品卖给废品回收公司。但这都是他小时候就与小伙伴一起做的，只不过长大以后，他把生意做得更大了——从小摊贩变成了服装批发公司的老板，还在韩国拥有了自己的房子。那些小伙伴中的一部分一直参与他的生意，几个人共同成长，见证了彼此的成熟，也提供必要的帮助，他们一起度过了人生中艰难的阶段。

后来，胡先生去了美国，投身于广告传媒业。他的那些老友也都取得了不同程度的成功，但他们的联系还在继续。他们每年都会见上两到三次面，交流和沟通彼此的近况，互换信息，互相帮助。在有人遇到困难时，大家都会主动伸出双手，不求回报地帮助有困难的人渡过难关。

同学之间的感情——有力的武器

同学是我们人生中最重要的人，同时也是我们所能拓展的最重要的人脉。正如上文中的胡先生所说，小伙伴和同学对我们来说是最宝贵的财富。对这一点，我相信没人会质疑。

反面案例——保罗："我已经记不起同学的名字了。"

"从普林斯顿大学毕业后，尽管参加了一场规模很大的毕业聚会，也和很多人互换了联络方式，写下了一定要多联系的誓言，但一出校门，感情好像很快就没有了。古语说'人在人情在'，'人一走茶就凉'。所以在毕业后，我以前的同学其实就和陌生人差不多了，新的朋友都是在工作中结识的，而普林斯顿大学的同学们逐渐变成了陌生人。有时候，我甚至想不起那些人的名字，只记得在学校时和他们的关系很好，后来他们的面孔慢慢变得模糊，可能再过两年，我在街上遇到他们也认不出来了。"

不得不说，保罗遗憾地失去了一种宝贵的财富。他现在的朋友再多，也找不回那种有几个老同学的感觉了。这一点，他在遇到严重危机或处在特殊的情境中时就会意识到。

正面案例——克里斯蒂娜："我在毕业后组建了同学会。"

"我在学校时就对同学关系极为珍视，也拥有了许多堪称密友的同学。毕业后，我不想让这些辛苦建立的关系就这么变得平淡，就在我们毕业当年的 9 月份，我专门创立了一个名为'加州之友'的同学会。起初的目的是吸引毕业于加州州立大学的人来免费参加，给大家一个保持交流沟通的机会，没想到非常火爆！看得出来，人们都很希望有这样一个平台。后来我就想，为什么不把它做成一家公司，开发这个商机呢？我干脆就融资做成了一个全新的社交平台，向全加州的大学开放。"

现实中的克里斯蒂娜也利用同学关系大获成功，她的公司高层中有 4 名股东都是她旧日的同学。在公司融资时，也有在银行工作的老同学从中起到了重要作用。她对于同学之间的特殊情感有很深的体会，她说自己有一次晚上病得很厉害，以为自己不行了，给很多人打了电话。离她最近的同一座城市的同事早晨9点多才赶过来，而远在华盛顿的一位老同学却搭乘最早的一架航班飞到了加州，并在凌晨5点多赶到了她的住所，把她带到医院，直到确认她安全后，又迅速离开，赶回华盛顿去上班。

那么，如何在学校时就与同学友好相处？我们离开学校后，与旧日同学保持联系的原则是什么呢？

1. 坦诚与关注。坦率地表露你的感情，同时也要给予同学情感上的支持。同学关系的基础就是数年的同窗情谊，这也代表着大家一起度过的那一段美好的时光。因此，和同学交流的基础就是情感，而不是利益。多给你的老同学情感上的关注，多给他们一些支持和理解，是得到积极反馈的前提。

2. 及时提供帮助。在他们需要帮助时，不要吝啬你的帮助。同学之间的帮助经常是无私的。假如你连最基本的助人之心都没有，那么再善良的同学也会疏远你。所以，当老同学向你开口求助时，不要吝啬你的同情心，要及时地救他于危难之中，栽下一棵友谊之树。

3. 尊重和宽容。必须尊重同学的意愿，在与别的同学发生矛盾时也要做到相互宽容，最大限度地体谅对方。这要求我们给同学足够的个人空间，不要过多地踏入他人的生活，影响或干涉他人的选择。就像史密斯说的："当你知道自己的一位老同学是同性恋时，你的反应是什么呢？如果你一脸嫌弃，甚至减少了和他通电话的次数，我敢肯定，你马上就会失去他。"尊重别人的个人选择是一种高贵的品德，保持宽容则是对我们的基本要求。

4. 保守秘密。这一点相当重要，对方告诉你的一些事情，你要为他保守秘密，不要轻易泄露他的隐私。现实中我们常看到的是相反的事实——人们泄露朋友的私生活，把对方的秘密传播得人尽皆知。长此以往不会再有人信任你，也不会再告诉你任何有益的信息，因此你要成为一个能够为他人保守秘密的人。

短视的"报复"

你曾经报复过"伤害"你的同学吗？

你曾经对与你产生过过节的同学咬牙切齿吗？

朱小姐和王小姐在大学时的关系就很不好，经常对着干。据她回忆，有一次她穿了一件漂亮的裙子，舍友都羡慕得不得了，只有下铺的王小姐漠不关心，看都不看一眼，还悄悄给这件裙子抹上了一些墨水。两人因此结下了"不解之仇"，互相不给对方好脸色，一有机会彼此就进行报复，直到毕业双方也没有消除仇怨。

大学毕业后，朱小姐来到北京工作，应聘进入了一家大型国企。几个月后，她惊讶地看到王小姐也进入了这家公司，而且分配到了她的部门。恰好朱小姐在业务上又与王小姐产生了交集，而且必须由自己配合对方才能把工作做好，真是造化弄人。

这其实是一个很好的和解契机，朱小姐却想："报仇的机会来了，我一定让她好看！"于是她就在工作中处处刁难王小姐，利用程序上的便利给王小姐找麻烦，数次害对方耽误项目进度，让对方受到了公司领导的批评。

王小姐几次打电话给她，约她出去谈谈，还用哀求的口气请她原谅，希望她照顾一下自己的工作。朱小姐每次都是冷笑着拒绝，还很开心地把这事讲给同事："你看，她向我求饶了吧，早知今日，何必当初呢！"在同事鄙视的眼神中，她并没有收敛，而是越做越过分。后来，公司安排她们一同参与了某个非常重要的项目，朱小姐故伎重施，陷害了王小姐。但这次她就没那么走运了，在领导追究责任时，身边的同事果断站出来指证了朱小姐，撇清了王小姐的责任。

领导生气地说："你不要在公司总部待着了，去新疆的分公司吧！"马上把她调去了乌鲁木齐的分公司，每月的工资也降了足足三分之一。朱小姐这时才意识到这件事自己搞砸了，但后悔已经来不及了。

这就是可怕的报复心带来的后果，伤害同学关系的同时，对自己也没什么好处。当你对同学间过去的一些琐碎小事不能忘怀时，可以换位思考一下——他是不是也和我一样咬牙切齿呢？在他眼中我的责任和错误是什么呢？把对方当作一面镜子，检查一下自己的过错，这样就不会有报复心了。

报复心理极为有害

人们总有某些时刻充满了报复的欲望，对大事小事都会产生某种冲动。报复心理是我们在社会交往中，企图攻击那些曾经给自己带来伤害或不愉快的人并以此来发泄内心不满的一种情绪体验。这当然是一种不健康的心理状态，不仅会对报复对象造成这样或那样的伤害，还会有害于自己的心理健康。因此，当可怕的报复心滋生出来的时候，你一定要保持警惕，不能让它绑架了自己的思想和意识。

如何正确对待发生过的不愉快

要正确地对待同学给你带来的伤害或者不愉快，宽容地看待自己和同学在学校中发生的摩擦。我们走入社会，身处更为复杂的环境中，在与他人交往时不可能完全没有利害冲突，难道你要次次都采取极端的针锋相对的手段吗？如果你总是睚眦必报，那你此生一定活在痛苦之中。

当你和别人产生矛盾后，别总记着"不愉快"，也不要冲动地想"我得治治他"。你不妨进行一下换位思考，让自己置身于对方的境地中，想一想自己会怎么办。通过这样的换位思考，你很有可能会看到完全不一样的东西，并且知道自己应该采取什么态度。对待旧日的仇怨与曾经不和的朋友、同学或同事，我们最好的态度是笑一笑，多一些理解，而不是苦大仇深地始终放不下，非要让对方付出代价才肯罢休。

记住"报复"的危害性

我们要多考虑一下报复对他人的危害性。你在学校的报复行为会不会受到老师、同学和家长的谴责？你在社会中的报复行为会不会导致意想不到的可怕后果，触犯公司的规章制度甚至违反法律？

如果上文中的朱小姐可以早早地意识到这些，她在遇到王小姐后就不会发生那样的事情了。她可能会一笑泯恩仇，和王小姐成为很好的朋友，让自己在公司多一个密友。这样做才有利于她们二人事业的发展。

自制能力和远见

一个人随时都要加强自身的修养，开阔自己的心胸，并且提高自制能力。这一点必须在很小的时候就开始培养。

杜绝报复心理的根本便是让自己变得宽容，不要太狭隘，别让自己受到冲动情绪的影响，不要动辄就指责、批评甚至报复打击别人。要经常告诉自己：凡事多一点儿宽容，才能在多年后赢得同学的回报。认识到这一点就需要远见了，并不是所有的年轻人都具备这种见识。

学会打圆场

大多数人都怕在与人交往的过程中出现尴尬的场面，这种状况常常让人进退两难，即便是一些老练的人也难免手足无措。比如老同学见面，有的人之间新仇旧怨积攒到一起，突然发泄出来，把现场的气氛搞得一团糟，搞得其他人面面相觑，不知道如何是好。在这个时候，你最好能站出来开个玩笑，为大家找一个台阶下，顺便在这个过程中展示一下你独一无二的魅力，在同学之中确立一种新的形象。

从前，要是邻里之间有什么矛盾的话，他们就会请一位有名望的长辈出来，为他们主持公道。这位长辈必须是两家都尊敬的，这样一来，两家的矛盾很快就会得到缓和。这其实就是在打圆场。打圆场的这个角色是相当重要的，对于从前的人们来讲，这个角色得是有名望的人。其实，打圆场的人扮演的是一种人际关系润滑剂的角色，在社交场合很受人欢迎。

有一次，著名演员新凤霞和她的丈夫办了一场"敬老晚宴"。

当时已经 90 多岁的画家齐白石也在看护的陪伴下前来参加这次晚宴，成为座上贵宾。齐白石的年纪大了，话就有些多，而且他童心未泯，很多行为超出常理。他拉着新凤霞的手，坐下以后，眼睛便一眨不眨地盯着她看，一直看了十几秒钟，也没有收手的意思。

齐白石的看护这时就有点儿看不下去了，不禁生气地说道："老先生，您干吗要一直盯着人家看呀！"齐白石也有些生气地说，"我都一把年纪了，怎么就不能看她了？她长得很好看啊！"这一席话让在座的每一个人都觉得很尴尬。

但这个时候，新凤霞却不以为意地笑了笑，对齐白石说："没关系，老先生，我的职业就是演员，就是给人看的。"听到新凤霞这么说，在场的每个人都笑了，尴尬的气氛也得到了缓和。新凤霞很懂得如何替别人解围，她以自己是演员为由让齐白石找到了一个台阶下，并且也得到了众人的尊重。

在我们日常的人际交往过程中，如果一个让双方都觉得十分敏感的话题把氛围弄得十分尴尬，影响了双方的交流时，就需要一个人站出来转移话题，或者开一些玩笑，来让这一个话题带来的尴尬氛围缓和一些。假设两个很好的朋友或同学为了某一个问题而争吵不休，这时你就可以在适当的时候开一句轻松的玩笑，这样两个人的情绪就能平复一下，为后面的沟通制造转机。

有一次，在某大学的同学聚会上，人们因为许久未见，觉得格外亲切，聊得都十分投机。突然间，有一位男同学和一个女同学开玩笑说："你以前那么猛烈地追求我，现在对我还有感觉吗？"这种话虽然在这种场合并不适合说，但是开开玩笑应该说是无关紧要的。可是，这位女同学却因为个人的原因，当时心情很差，并没有想太多，很气愤并且很大声地对他说："你这人是不是有病？我什么时候追过你！"

这让在场的每一个人都觉得很惊讶，原本很热闹的场面，一下子就变得尴尬起来。此时，突然有另外一个女同学站了起来，主动为她打圆场说："你的臭脾气怎么还没有变呀，怎么喜欢谁就老说人家有病呢？"

这一席话，让在场的各位同学都不禁想起了大学时期的美好时光，并且不由自主地开始讨论起来，也互相开起对方的玩笑，尴尬的气氛就在这种玩笑中得到了很大的缓和。这位出来调节气氛的女同学，就展现了很好的交际能力，她的人际关系也一定是很好的，并且在社交中受人欢迎。

第一，这体现了她敏锐的判断力。在大家都愣神时，她马上感觉到了气氛的变化，知道此时需要有人出来说点儿什么，否则局势极有可能搞僵，大家不欢而散。她能判断形势，有着清醒的头脑。

第二，这说明她是一个有勇气、有担当的女孩。众人都在犹豫、观望甚至看热闹，她能鼓起勇气站出来承担这个打圆场的重任，说明她不但有勇气，而且也为双方的关系着想，让两人都有一个台阶下。

第三，这展示了她优秀的表达能力。根据双方的对话，她瞬间就能想到解决办法，仅用了一句话就轻轻松松地化尴尬于无形，让每个人都会心地笑出声来。在那么短的时间内，就能做到这一点，是非常不容易的。

人在交际中，应当学会变通和互相理解，不能总是太过固执，否则就会有难以缓和的尴尬局面出现。如果你顺着对方的意思来开个无伤大雅的玩笑，打一下圆场，这样就能起到很好的作用。

不仅是在同学之间，在同事之间打圆场的功夫也很重要。某个公司的经理张某，因为个人原因导致公司受到了部分经济损失，公司上层将他们部门所有员工的奖金都扣除了，这个部门的员工十分气愤，觉得是张经理一个人的过失，却让整个部门的员工都受罚，很不公平，张经理在公司的处境变得十分尴尬。

这个时候同部门的小李就站出来，告诉大家："张经理在受领导批评的时候还在为大家争辩，希望上层能够只处罚他一个人，而不要去牵连大家。"

听完这些话，同部门的员工对张经理的怨恨也就消除了一大半，小李继续说道，其实因为自己的事情让大家受到拖累，张经理也是十分愧疚的，并且他还说要在以后想办法把大家的奖金弥补回来。看到大家不再像刚才那样气愤，于是小李又说道："这次的错误除了张经理有责任，我们每个人都是有责任的，真的很希望大家能够体谅张经理，他也是十分难受的，现在最重要的是，我们应共同努力把公司的业务做好。"

听了小李的一番话，大家对张经理的负面情绪也就不那么大了。实际上这并不是小李的工作，但是他这么帮助张经理，也让张经理减轻了很大的一部分心理负担。张经理接下来又提出了自己的新方案，这样大家的热情就重新被激发了出来，之前的不愉快和尴尬都得到了缓解。

其中，小李的调解作用十分重要，张经理自然会对小李十分看好，两个人的关系也得到了加深。所以说，人应当学会为别人打圆场。在适当的时候帮助别人一下，可以对自己未来的工作产生有利影响。

实际上，很多时候，你帮助了别人也就等于帮助了自己，可以让自己得到更多人的尊重，人们会对你的个人修养表示敬佩，这样你自然也就会收获更多的朋友。

别吝啬你的微笑

卡耐基曾经说过："如同太阳能够穿过乌云，给人们带来温暖一样，笑容能照亮所有看到它的人。"微笑是世界上最美的表情，是人际交往中最好的名片，一个真诚的微笑胜过千言万语。无论是初次见面，还是相识已久，微笑都能拉近人与人之间的距离，让彼此倍感温暖。

世界著名的希尔顿酒店的创始人康拉德·希尔顿也说："如果我的旅馆只有一流的服务，而没有一流的微笑服务的话，那就像一家永远阴暗潮湿的旅馆，是没有任何情趣可言的。"在美国，许多企业和公司的经理宁愿雇用那些没有学历，却拥有甜美笑容的女孩，也不愿聘请一些毕业于名校却表情冰冷的博士。在日本，更有一家公司为此特意研发出一个为员工的微笑打分的软件，要求不合格的人进行更正。

作为一种最低成本的投资，微笑基本上不用花一分钱，仅仅以面部肌肉的变化，就能让你得到很多好处。笑容如同太阳，可以融化坚冰。很多争得面红耳赤的人会因一个小小的微笑而握手言和，互不相让、僵持不下的谈判双方会因为一个微笑相互妥协从而达成最终协议。

20 世纪初的世界钢铁大王卡内基，就是一个善于用微笑来征服他人的典型人物。有一次，他参加大型的宴会，听到了一个平日里对他有诸多偏见的商人在背地里对他大肆抨击。这种情况放到普通人的身上，可能立马就急了，但他没有当场站出来指责那个商人。他只是静静地站在人群里，听那个商人对他的缺点一一加以攻击。

宴会主人发现了他，只好非常尴尬地站在原地，唯恐这位贵宾按捺不住冲上去，使整个宴会成为二人的战场。但卡内基的表现却出乎主人的意料，他只是很安详地站在那里听着，并且在那个抨击他的商人发现他时，给了商人一个浅浅的微笑，还递上了一杯酒来掩饰对方的尴尬。

第二天，当那个抨击他的商人因为羞愧，亲自登门道歉，期望得到他的原谅时，他也不吝微笑，与对方成了朋友。此后，卡内基得到了那个商人的诸多赞美，说他是一个非常善良且宽容的人。

有这样一副对联："眼前一笑皆知己，举座全无碍目人。"这就告诉了大家一个简单的道理：没有哪个人能够轻易地拒绝别人的微笑。哪怕是凶神恶煞，在面对他人的微笑时也会觉得内心温暖，愿意与之相交。如果你微笑着面对别人，别人就会更乐于与你交往，这样你得到的机会也就越多。

第二篇
CHAPTER 02

朋友篇

数数你有多少好朋友

在一次课程中，我们进行了一个名为"数朋友练习"的实验。参加实验的总共20个人，每4人随机分成一组。我让他们当场在规定时间内统计出自己的好朋友数量，把结果公布在黑板上，再在后面写上自己当前的收入，然后画出一条对比曲线。通过这个曲线，我们会发现，朋友数量跟收入的对比关系，并将结果纳入机构的数据库。

第一组参加的学员，数据如下。

哈利——朋友数量：9个；好朋友数量：2个；年均收入：25000美元。

汤姆——朋友数量：17个；好朋友数量：4个；年均收入：42000美元。

迈克——朋友数量：25个；好朋友数量：6个；年均收入：70000美元。

休斯·金——朋友数量：80个以上；好朋友数量：11个；年均收入：20万美元以上。

从对比数据中可以看到，随着朋友和好朋友数量的增多，年均收入也呈现一种上升的趋势。在我们分析他们的工作时，也惊讶地发现，工作的性质与朋友数量的关系也存在一种正向的关系，即：工作越好，好朋友越多，收入也就越多。

哈利是超市送水工，尽管工龄有 8 年了，性格也很和善并受人欢迎，但他能接触到的周围的人仍然不超过 20 个，因此朋友数量只能在 10 人上下浮动，好朋友也只有 2 个人。

他的收入勉强维持生活，每年最多攒下 2000 美元的存款，其他薪资都在平时的生活支出中消耗殆尽。在这种状态中，哈利认为自己和家人生不起病，一旦身体有恙，就得向朋友借钱。此时他就会发现，好朋友也和自己一个样，根本拿不出多余的钱来周济自己。

汤姆的情况稍好一些。他在一家广告公司担任业务员，工作只有 5 年，但业绩相当不错。职业决定了他的社交圈比较大，但职位却让他的朋友不是太多，称得上好朋友的也只有 4 个人。他对这种境况不是太满意，但也无力改变。就像他说的："我可能要做一辈子业务员了。"

收入方面，汤姆的年薪已经足以供养他的家庭了，但此外似乎也做不了什么。他和家人没有年假，也拿不出钱去国外旅游。在休息时，他只能和家人一起待在 80 平方米的房子里，看看电视，或者到附近的免费场所进行体育锻炼。总的来说，这是一个幸福而知足的家庭，我们只能这么谨慎地进行评价。

迈克比上面两位的情况好很多，因为随着朋友的增加，他的年收入也增长了约 3 万美元。这相当于他的生活质量提高了整整一个层次。但与休斯这种朋友众多、收入高达 20 万美元的人比起来又算什么呢？休斯就是那种从朋友资源中受益匪浅的人，他甚至说不清自己有多少朋友，因为实在太多了。当我们询问他一年有多少次聚会时，他也只是给了一个大概的数字："可能有 30 到 40 次吧。"

其实，每一个人都需要朋友，需要大量的朋友。但朋友又有益友和损友之分，并不是每个朋友都能为我们带来正能量。对于朋友，我们要认识到以下几点。

第一，多积累对自身有益的好朋友。

什么是对我们有益的朋友呢？他们喜欢讲真话，愿意对你讲真话；他们个性宽厚，能够在恰当的时候体谅与原谅别人的失误、错误；他们还应该见识广、知识渊博，能够在知识和学习的层面给你提供帮助，而不是把你拉到和他一样低的层次。

第二，警惕对自身无益甚至有害的朋友。

对于什么样的人是有害的朋友，人们当然都有各自的标准。比如有个住在纽约的家伙，就把不肯借给他钱的人称为坏朋友，一旦你不借给他钱，他就发誓跟你绝交；还有些人把与自己有不同意见的人称为坏朋友，恨不得马上就与对方断绝关系。但在我看来，这些标准都是错误的。对自身无益而有害的朋友大体可分为三种：第一种人有特别的嗜好，他们软硬不吃，不经意间就认为你得罪了他，而且不肯原谅你；第二种人则是特别软弱和依赖性强的朋友，他们缺乏个人主见，甚至对你一味迎合，完全提不出有益的建议，也不能坚持正确的意见；第三种人是那些擅长拍马屁的家伙，这些人通常成事不足、败事有余，和他们交往也完全没有好处可言。

第三，远离不宽容和有不良嗜好的朋友。

不宽容的人是什么样的，我们是知道的。他们心胸狭窄，稍有不顺就可能怪罪于他人。而且，这种人总会对你有所要求，你在情感上或者物质上一旦无法满足他，你们之间的友情就可能立刻走到了尽头。就像前文所述的那位纽约客，朋友不肯借钱给他，他就和对方翻脸，视对方为敌人。这类人往往还具有软弱的个性和很强的依赖性，与他们长期交往肯定会让你感到疲惫不堪，一旦你流露出让他们自己做决定的想法，鼓励他们拥有自己的主见，他们可能就会认为你抛弃了他们，或者断定你背叛了双方的友情。至于那些有特别嗜好的朋友——诸如吸毒、赌博等坏毛病的人，我们更应该远离了，因为这些嗜好对一个人是有百害而无一利的，一旦你和这样的人成为朋友，你很有可能也会染上这些不良嗜好。

总而言之，在我们的生活中，朋友其实并不是越多越好。重要的是多交益友，不交损友，这样我们才能够从朋友的身上学到真正的知识，明白实用的道理，比如如何为人处世和怎样从自己身边的环境中汲取积极的力量。

最后，我留给大家思考的一个问题是："想一想，你是你最好的朋友的'最好朋友'吗？"想一想这个问题，你会对朋友产生不一样的理解，并知道自己的问题出在什么地方。

对这个问题，我自己就有很深刻的体会。在香港工作期间，我曾经和一位姓孙的同事关系很好。我们既在同一个部门，每天一起在一线跑销售，见客户，应酬，又租住在同一栋公寓。有一次，我在经济上遇到了很大的困难，又不到公司发工资的时间，就想向孙先生借一些钱暂渡难关。

"孙先生，我暂时遇到一些困难。你现在有两千港元吗？借给我用一下，我过两个星期就还给你。"

开口借钱时，我的信心是很足的，因为我认为孙先生是我最好的朋友。作为这种铁哥们，他一定不会拒绝，甚至不会有丝毫的犹豫，就会把钱拿给我。我在脑海中还想象了一幅美好的画面——孙先生用最快的速度把钱取出来，交到我手上，然后告诉我爱用多久就用多久，没有还钱期限。

但是，事实非常残酷。孙先生不但没有借给我钱，而且跟我的关系还变淡了。他并没有把我当作他最好的朋友，他很可能只是把我当成一个普通的同事。后来，我在从事公关领域的工作后，就时常反思这件事，并开始思考一些问题。

——我们是什么时候开始误以为自己跟某一个人是朋友，甚至是最好的朋友的？

——我们知道自己人生中最好的朋友到底是谁吗？

——我们为什么对于一些无法确定的模糊关系表现得过于乐观？

——我们怎样来确认哪些人是自己的好朋友，甚至是最好的朋友？

这四个问题所代表的就是对朋友的认知。你必须具备这样的理性认知，数一数、测一测自己到底有多少朋友。或者说，把你视为朋友的人究竟有几个？解决了这个问题，度过了这个阶段，我们才能谈到去巩固朋友关系，并结交更多的好朋友。

你和朋友在一起聊什么

聊天对于朋友交往来说是特别重要的，同时，聊天也是我们和朋友之间非常关键的沟通。那么，平时你和朋友聚会、打电话时，都喜欢聊些什么呢？

一个年轻人的困惑："我的悲观谁来化解？"

凯文刚刚从加州州立大学毕业，他本就属于学习成绩不太好、天资又较为平庸的人，因此不免在工作中磕磕碰碰，也经常满腹牢骚。他觉得工作没有什么前途，可又不知道该如何化解这种情绪。凯文有不少朋友，平时聚会聊天时，他就向朋友倾诉，和他们聊工作，聊生活，也聊未来。但转眼间几个月过去了，他发现没有朋友给他提出有益的建议，甚至和他一样悲观的人也大有人在。

凯文说："今天上司又骂我了，我从他的办公室出来，门还没关上，他就在里面嘲笑我是一无是处的笨蛋、蠢货。"

朋友哈克接着说："哦，是的，我的老板也总这么说我。"

凯文十分郁闷。其实他十分渴望有一个人能开导他，替他指明方向，哪怕不能解决问题，适当地安慰他一下也可以。但几年来，他就是没有遇到这样的人。于是，在凯文30岁生日时，他算了算自己的工龄——已经工作八年了，还是一名普通的职员，事业完全没有希望。

朋友之间的聊天真的这么重要吗？很多人一开始都没有意识到这个问题，他们总是习惯性地与朋友随便聊天，并没有刻意地和朋友共同分担彼此的负面情绪，并且起到互相鼓励和督促的作用。在你感到沮丧时，有没有人替你打开一盏明灯呢？在你和朋友聊天时，你们聊的最多的又是什么呢？你要好好想一想这个问题，这对你的未来十分重要。你也要寻找那些在聊天中表现"积极"的朋友，他们对你的人生也同等重要！

正面案例："积极的朋友圈子让我成功！"

某市电视台经济频道正在做一档采访成功企业家的节目，王政先生坐在皮制的沙发上，脸上挂着微笑，看着对面的主持人，坐在他们四周的观众都是来自名校的大学生。

主持人根据事先准备好的问题依次向王政提问，比如他的经营理念，他曾经遇到过什么样的困难，他对未来的憧憬与发展方向等。就像我们在电视上看到的众多采访类节目一样，谈的全是一些"高大上"的话题。

在采访快到尾声的时候，是观众自由提问的时间。一个带着一脸稚气的年轻大学生站起来，礼貌地打过招呼之后，便问了王政一个似乎和整个采访主题都没什么关系的问题。

"请问王总，您的工作这么忙，您平时都和您的朋友聊些什么呢？"

听到这个问题，王政善意地一笑，反问那位大学生道："那么这位同学，你平常都和自己的朋友聊些什么呢？"

这位大学生没想到问题会被反问回来，先是一愣，随即有些腼腆地回答道："就是聊些彼此都感兴趣的事。"

王政听了，点点头，说道："其实我和你们一样，我也有很多朋友，我们在一起的时候也聊一些大家兴趣相投的事。物以类聚，人以群分，没有相同点，怎么可能成为朋友呢？我们平时都非常的忙，为了有时间见面沟通，就定下每个月都要聚会一次。大家坐在一起交流一下最近的经营状况、遇到的困难和问题，自己一个人想不通的事往往经过别人提点两句就会豁然开朗了，这对于一个经营者来说是非常重要的沟通。"

可以看出，王政非常喜欢这个话题，他很友善地将自己的一些经历和感触毫无保留地讲给台下的年轻人。

当初，王政和在座的这些大学生一样，是个青涩青年，在一次同学聚会上，有位同学无意中说出了未来的某个行业或许会很快地崛起。说者无心，听者有意，王政就虚心向那位同学请教了很多相关的问题。

之后，王政又做了很多考察，觉得那位同学说得很有道理，于是先于别人一步迈入了这个行业，成了这个行业的开拓者。

随着事业的不断扩大，王政的朋友圈也越来越大，但是他却没有忘记初衷，总是会和朋友们谈论最近的行情，分析未来的走势，交流经验，起到了互相促进的作用。也正是因为如此，王政的事业也才越做越成功。

说完了这段话，王政发现台下的大学生们都一脸迷惘的样子，于是他笑着，略带调侃地说道："可能我们聊的那些话题看似枯燥无味，但真正品味出其中的意义以后，你才能尝到比蜜糖还甜的味道。请同学们记住这样一句话——信息是需要交流和传递的，并且被合理利用后，它们才会产生相应价值。"

王政的话让同学们如梦初醒，他的话音刚落，台下便响起了雷鸣般的掌声。因为他们这时意识到，原来朋友圈也是分好多种的，我们需要的是那些可以进行积极交流的朋友，从这些朋友身上获得有益的信息，来帮助自己成长和成功。

反面案例："我在朋友圈中迷失了！"

小丽出生在一个普通的工人家庭，毕业后和男朋友各自找到了工作，也订下了婚事，但原本平淡的生活却在小丽参加了一次聚会之后就变了味道。从那以后，原本朴实的小丽开始浓妆艳抹，穿起了时髦的衣服，辞掉了原本还算稳定的工作，每天参加各种聚会，出入酒吧和 KTV 等场所。

用她自己的话说："长这么大，我到现在才活明白了，人就应该多享受，享受生活本身就是一种成功，不需要去追求那些所谓的成功了。"

对于小丽的突然变化，男朋友在震惊的同时也十分不解，因为从现在的小丽身上完全看不到曾经那个朴素女孩的影子了，根本就是变成了另外的一个人。为此，他们谈过、吵过，也想过一些折中的解决办法，但是每一次都不欢而散。他发现自己根本说服不了小丽。

原来，小丽在参加那一次聚会的时候，发现在场的所有女孩都打扮得十分时尚，她们出手大方，穿着时髦，张口闭口都是聊一些国际大牌奢侈品。换句话说，自己的这些新朋友过着纸醉金迷的生活，挥洒着青春，享受着别人投来的关注目光。

那一次的聚会对小丽的内心产生的冲击是非常大的，她猛然意识到，原来年轻漂亮的女孩就是要这样彰显青春，其中一个女孩向小丽推销她代理的化妆品，还问小丽要不要代理，如果愿意，她会介绍小丽入行。通过几次这样的聊天，在不知不觉中，小丽就动心了。于是，她在网上开起了微店，在朋友圈里兜售她代理的昂贵化妆品。为了更能融入这个圈子，小丽开始将自己打扮成了她们的样子。

"小丽！你看你现在成了什么鬼样子！"当小丽在凌晨三点醉醺醺地回到家时，男朋友再一次忍不住斥责起来。

"我怎么了？"小丽一把推开了男朋友伸过来的手，"我觉得我现在很好啊，每天不但可以痛快地玩，还能巩固我的客户关系，我这样做也是为了自己的事业！"

"你那叫什么事业？！小丽，我不求什么大富大贵，我只想和你平平淡淡地过日子，不好吗？"男朋友很愤怒，他深呼吸一口气，气到了极点反而平静了许多，"我真的不喜欢你的那群朋友。你们每天除了讨论去哪儿吃喝玩乐，还有一点儿年轻人应该有的样子吗？这样下去早晚会浪费掉青春时光的，最后你的事业也很难成功。"

在这之前，小丽为了让男朋友也能融入她的圈子，特意在一次聚会上带了男朋友去。她没想到整晚他都阴沉着脸坐在角落里不吭声，最后更是甩手离开。这让她在朋友面前感觉很是没有面子，于是再也不带他去了，彻底让自己与男友隔离在两个不同的世界中。

"我不认为我有什么不对，以后你少管我！"小丽醉意袭来，说完便回房间睡觉去了。

当她醒来的时候，男朋友早已经不在了，手机里躺着一条新收到的未读短信，是男朋友发来的。短信言简意赅，只有三个字——分手吧。

没了男友的约束，小丽的潇洒生活比之前更甚，她口中所谓的客户群也日益壮大，但是她的心却空落落的，似乎缺少了什么。不管她如何努力，她的生意还是只局限在一个较低的层次，每月的收入甚至还不如以前上班的时候。而且，她发现很多亲戚也与她疏远了，不再像以前那么亲近自己了。

晚上安静的时候，小丽看着镜中那个"艳丽"的自己，不禁也有些疑惑：她这样的生活真的是对的吗？如果是对的，那为什么当喧哗过后，她却觉得如此寂寞？她选择的那些朋友是对的吗？如果是对的，那她又为什么觉得自己为此失去了最重要的人呢？同时，她也失去了一份相当不错的工作。

这时，她才开始问自己："是什么导致了这些变化呢？"

其实，这正是聊天内容对于朋友关系的塑造，也是对我们潜移默化的影响。王政先生与朋友之间聊的都是积极向上、理性的话题，自然而然地就对他的事业形成了强有力的帮助。高质量的朋友圈就会拥有高质量的"聊天"；低质量的朋友圈则像小丽的一样，只能提供一种负面能量。小丽和那些所谓的朋友聊的都是庸俗的内容，最终影响了小丽的人生，使她走了一段很长的弯路，也付出了不小的代价。可以说，我们和朋友在一起时聊的内容，对我们是有很大影响的。对此，我们要意识到以下两点。

第一，你必须明白的是，今天的社交模式已经改变了。

在今天，社交已和过去不同。以前我们和朋友交往，没事就发个短信、打个电话，相约逛逛街、踢一场球。朋友之间，即便不见其面，也能闻其声。面对面的交往是一种常态，因此互相聊的话题也多是严肃的，很少有不靠谱的时候。

如今已经进入了互联网时代，特别是在微信、QQ 等社交工具普及以后，社交模式完全发生了转变——革新性的颠覆。比如，我们每天都在玩手机，而玩手机时最经常打开的可能就是微信或其他社交工具，在上面与朋友海阔天空地聊天。这时，彼此之间聊的话题往往就会脱离严肃积极的范畴，甚至起到意想不到的负面作用。

根据我多年的调查，很多人走上歧路，都是由于在网上听信了一些"朋友"的建议，做出了错误的选择，采取了不正确的行动。网上聊天都是不用负责任的，因此人们聊起来大都十分大胆，敢于突破自己的心理关，不用顾虑面子。这时我们可能听到逆耳忠言，但更可能听到的则是不负责任的"忽悠"。

第二，应该和朋友多聊一些积极的东西。

最好的"聊天"是倾听一下彼此的不快，然后互相打气，互相鼓励。就像王政先生做的那样，他让朋友资源为自己提供积极的力量，解决生活和工作中的实际问题，从而帮助自己指明方向，不断地修正自己的道路，减少犯错，增大了成功的助力。

假如双方总在讨论如何报复同事、诋毁上司，那么这样的朋友就是不合格的。遇到了这种人是我们人生的不幸——他们不能提供积极的东西，反而会改变你人生的"走势"，让你未来走上歧路。反过来说，如果你在聊天中总是消极、沮丧，打击朋友的士气，或者总是拉拢朋友追求享乐，人们也会渐渐地远离你，你的朋友也将越来越少。

金钱，躲不开的考验

我记得在一次电视节目中，某位著名的节目主持人说了一句非常经典的话："想知道你有多少真正的朋友吗？就看在你危难的时候多少人愿意借钱给你！"这话说得很实在，这个方法通常也很有效。真正的朋友往往就是那些不设前提条件随时可以借给你钱的人，只要他们力所能及，他们就愿意借给你钱。反之，你就得重新掂量一下你们之间的友情是否掺杂了其他的东西。

从某种程度上说，金钱是对友情的一种考验。它既考验你和对方是不是朋友，同时也考验你如何处理金钱和朋友的关系。你是把钱摆在第一位，还是把你的朋友摆在第一位？这在一定程度上会影响你这一生能交到多少朋友，也会影响你自己的人生质量。

正面案例：真正的友情不是恩情

王平从来没想过自己也有下岗的一天。他老家在农村，父母都是农民，靠着一亩三分地供他上了大学，让他这个大学生飞出了那个小山村，飞进了城市，成了一个让人羡慕的城里人。

　　大学毕业后，王平进入了一家大型企业，并在那里认识了自己的妻子，两人顺理成章地结婚生子。但是平淡地生活了几年后，企业突然裁员，王平夫妻双双下岗了。

　　突然间失去了经济来源，这种情况当然是十分糟糕的。看着正在读书的女儿认真地写着作业，王平郁闷得一口又一口地抽着烟。为了结婚，他贷款买了婚房，每个月都要还不少月供，而且为了让远在老家的父母不要操心，他每个月都会省吃俭用，将节省下来的钱寄给父母，并告诉他们自己过得很好。可这突如其来的打击，让这个正值壮年的汉子似乎一夜之间就苍老了好几岁。

　　王平知道自己没有什么一技之长，又到了这种十分尴尬的年纪，很多用人单位都不愿录用他。看着给人做家政早出晚归、养家糊口的妻子，这天，王平重重吸了一口烟，起身出了门。刚出了家门，他就接到了一个电话。来电话的是他的大学同窗好友韩阳，跟他商量同学聚会的事。此时的王平哪有那个心思？就客气地婉言拒绝了。

　　韩阳听出了王平语气不似平常，便关心地多问了几句。可能是最近的压力太大，心里实在难受，王平便一股脑地将自己的困境说了出来，末了还自嘲了一句："我这么大的人了，真是没有用啊！"

　　电话那端突然沉默了，就在王平以为韩阳也会瞧不起他的时候，就听到韩阳很诚恳地对他说："王平，你现在太自暴自弃了，我还记得大学里的你总是意气风发的，兄弟几个数你最有抱负了！眼前的困难也只是暂时的，我相信你肯定会挺过去的！兄弟虽然没什么能耐，但今天把话放在这儿，无论你有什么困难，只要是兄弟能帮上忙的，你尽管开口就可以了！"

王平握着手机的手有些颤抖，一段极其朴实的话让他的眼睛湿润了。

有时候人很奇怪，很简单的道理自己看不透，但经过别人的点拨就会豁然开朗。从那天开始，王平便开始积极面对自己的现状，最终他决定自主创业，看看有没有好机会可以改变自己的命运。看到王平的决心，韩阳便和妻子商量着拿出家里一部分钱来帮助王平，希望他这个好兄弟能够成功。

创业并不是一帆风顺的，王平当然也遇到了各种各样的困难，但每每想到家里的妻女，还有韩阳将一叠钱交到他手上时那信任的目光，他就觉得没有什么困难是能够难倒他的。几年后，王平不但将韩阳的钱全部还清了，还想拿出更多的钱来感激自己的这位好兄弟。

对于王平的好意，韩阳全都拒绝了。他当初帮助王平可不是为了日后的回报。他们是朋友，朋友之间相互支持的情谊是无价的，又怎是金钱所能衡量的呢？不过，虽然没有接受王平的钱，但韩阳欣然答应了王平请他全家旅游的邀请。他想通过这件事告诉自己的孩子，什么才是真正的朋友。

反面案例：消费友情的后果

李铭在大学毕业后便去了一家销售仪器的公司做业务员，他踏实肯干，为人憨厚老实，在公司的口碑极好。或许是因为看到了市场的巨大潜力，李铭毅然决然地辞职，很快就租了一个小小的写字间，开起了自己的小公司。

公司虽然刚刚起步，但凭借着近几年积累下来的客户关系，李铭签下了不少订单。不过，因为流动资金紧缺，公司很快就运转不动了。怎么办呢？思来想去，李铭就约了几个要好的朋友一起吃饭，席间隐隐透露出自己的难处，想要哥几个帮衬一下。他的朋友也都十分豪爽，几天的工夫就将钱凑够了，借给了李铭。

有了这笔钱，李铭更加卖力地经营着自己的公司，但由于经验不足和管理不善，公司不但没有好转，反而又陷入了困境。而这时，李铭不但没有直面现实，更加努力，反而开始颓废起来，也没有了之前的干劲。很快，约定好的还款期限到了，但李铭无力偿还。于是，他希望能将还款日期延后。凭借多年的关系和感情，大家虽然心里不悦，但都清楚他的难处，也就都同意了。

不幸的是，李铭所处的行业开始下滑，他的生意更难做了，每天开门做生意就意味着大笔的成本开销，再加上人情往来，公司开始入不敷出。而恰逢此时他的婚期将近。李铭的未婚妻是一个攀比心很强的女孩，为了面子，李铭每次都在她的面前装出很大方的样子。久而久之，未婚妻以为李铭这个老板当得很是风光，从来没想过那个小小的公司已经开始摇摇欲坠。

应未婚妻的要求，他们的婚礼举办得十分隆重，光是装修房子李铭就花去了 30 多万。而这些钱，原是他打算还给兄弟们的借款。当下一个还款期已经过了许久之后，一众人找到了李铭，可听到的答复依然是："我现在拿不出那么多钱，下个月吧，下个月我一定还上。"

这些人都见证了他奢华的婚礼，却在此时听到了一句"没有钱"。所有人都明白了是怎么回事，但依旧抱着最后一丝希望，心想，不就是再等一个月吗，可能下个月他就有钱了。然而，当一个又一个还款日过去，当听到一句又一句"没有钱"的答复，当得到一个又一个"下个月还"的许诺，却又见他出手大方，一副财大气粗的样子时，朋友们的心彻底冷了。

由于李铭毫无节制地花钱，还有公司经营不善，他的事业很快又一次遇到了困境。当他厚着脸皮再次开口向曾经的朋友们借钱的时候，得到的却是冷冰冰的拒绝。

李铭站在自己公司前，抬头看着头顶的牌匾，他不知道自己是怎么走到今天这个地步的。他原本怀揣抱负，意气风发，亲朋围绕，但如今，看着手机内长长的一串通信录，他却不知道自己下一个求助的电话应该打给谁。

这两个对比明显的案例说明了一个很简单的道理，也揭示了一个残酷的现实——金钱既可以是对友情的佐证，又可以是考验友情的重要一环。这从另一方面警示我们：千万不要带着功利的眼光审视友情，也不要用金钱的标准去衡量我们的朋友，否则你早晚会尝到苦头。

远离喜欢将社交资源"变现"的人

某机构的一位董事王先生不久前从中国回美国，跟我讲了他在中国时候的一件事：苏州有一位网店店主，经营皮包和玩偶生意，每天都在自己的朋友圈推送自己店里的商品，微信、博客和QQ空间都是他十分活跃的地方。他的日常工作就是在这些地方发布广告，向每一名好友推送信息，推荐朋友购买，或请求他们广而告之，扩大网店的影响。

王先生说："我问他这样做好吗，他不无得意地告诉我，这是将自己的社交资源'变现'。"

实际上，这并不是一件稀罕事，很多人都在利用现成的人脉进行广告营销或经营自己的生意。国内这些年来还流行着一个新名词，叫作"微信营销"。但是，从友情的角度讲，这在本质上是在消费我们的朋友，并通过这种行为让朋友拿出自己的钱包来买单。偶尔一两次可以，时间久了，你们的朋友关系就会变淡了，因为你把他们视为客户。

因此，有些做微信营销的人经常会在朋友圈被拉黑。就像王先生遇到的这个店主，很多朋友都因为受不了他大量发送广告图片的行为而向他抱怨，有人甚至直接把他拉黑，与他断绝关系。

我要告诫大家，假如你真的需要把生意做到朋友的身上，也一定不能贸然消费他们，而应该采取较为柔和的态度。比如，单独在电话中与对方沟通或当面推荐自己的产品，切不可盲目地将自己的社交资源"变现"，否则最后朋友会将你的价值贬到一文不值的地步，让你失去宝贵友情的同时，也赚不到钱。

最难得的是"不求回报地两肋插刀"

在一部著名的电影中，珍妮佛·安妮斯顿饰演的奥利维亚有三个亲密无间的老朋友，四个女人无话不谈且多年为伴，是铁杆闺蜜。奥利维亚三个闺蜜的际遇各有不同，却都已经成家立业，一个是非常知名的服装设计师，一个是当红的剧作家，另一个则继承了大笔的遗产，过着衣食无忧的生活。和她们三个比起来，奥利维亚的生活就惨了许多，她不但一直单身未婚，而且失业了，没有了经济来源，生活陷入了困境。

显然，由四个女人组成的这个圈子中，出现了一个"差生"的角色，这让奥利维亚显得有些尴尬。不过，尽管这种关系维持下去会有一些难堪，老友们依然不离不弃，以各自的方式帮助奥利维亚介绍工作，甚至介绍男友。虽然没有多少成效，但她们一直没有放弃，也没有嫌弃自己的这位朋友，并且不求任何回报。

她们每个人都有自己的烦恼，有的人厌倦工作，有的人厌倦婚姻，有的人甚至厌倦了生活；她们都切实地感受到了女人在中年时代面临的危机，也体会着人生的酸甜苦辣。尤其在金钱上，奥利维亚游走在大商场，到处索要着免费的面霜试用装，还借着这些老朋友的光去参加各种高级派对。她们的友情在金钱的面前经受住了考验，并且向我们说明了一个道理：当你遇到不会被金钱打倒的朋友时，一定要好好地珍惜！

这是一段"老友记"的故事，也是我经常向人们介绍的一种友情。无论你的人生走到了哪一个阶段，都要努力结交并且抓牢这样的朋友。他们一定是你的人生财富，也必定会陪你走好人生的每一步。

向朋友展示你最好的一面

我们都知道，人都要用衣服来衬托自己美丽的容颜，或者用化妆品来掩盖自己的缺点。这就是一种对外的展示——让缺点尽量地变小，让优点尽可能地放大。因此，那些在晚会上艳丽夺目的女士们，总能让所有人为之倾倒，她们把自己最好的一面展现了出来。

在人际交往中，我们都是普通人，既没有出众的相貌，也没有独一无二的能力，怎么办呢？你就只能制订适合自己的策略，把最好的一面展示出，让人们看到，然后交到朋友。

你可能想否定这一点，但是事实会逼得你不得不承认。很有能力的人，可能不需要用什么方法去保持人际关系，因为有利益的存在，各种各样的人会主动上门找他，求他办事，或者希望与他合作。有能力的人是容易交到朋友的，能力平庸者则需要另想办法。

在《邹忌讽齐王纳谏》的故事中，邹忌对齐王说："事实上我知道我的美貌比不上徐公，但是我的妻子爱我，我的小妾害怕我，我的客人有事情求我帮忙，他们都说我比徐公美。现在齐国有一百二十座的城池，疆土有方圆千里，大王身边的妃子都爱您，朝中的大臣都害怕您的权威，国中的人都有事情求您。由此来看，大王您受到了很深的蒙蔽啊！"齐王于是广开言路，鼓励大臣进谏。生活中，并不是每个人都能够成为"邹忌"和"齐王"，大多数人都只是那个被用来做比较的"徐公"罢了。

邹忌的魅力就在于，他有自己独特的处理事情的方法。齐王那样的人并不是每个人都能成为的，但是我们能够改变自己——为了扩展自己的人脉圈，我们要想办法让自己变得能够令人瞩目，让大家都把目光放到我们的身上，想要向我们靠近。简单一点儿说，就是要让你在人群中显得鹤立鸡群，耀眼夺目，让人们一眼就看到你的存在，并希望成为你的好朋友。

有一个穷困的少年，为了能够生存下去来到了城里，幻想着有一天能够成为一个城市中的有钱人。但是能力的不足，让他在找工作的路上屡屡失败，想要成为有钱人变成了一个遥不可及的梦。"我该做些什么将来才能和你一样富有呢？"他在尚未竣工的高楼前向一位衣着光鲜的成功人士问道。

那个人没有直接回答少年的问题，而是讲起了一个故事：

"在同一个工地工作的三个工人，同样地努力奋斗，不同的是，有一个工人从来都不会穿工地里发的制服。后来，其中一个工人不再工作，选择了退休；另一个一直坚持的工人成了工人们的领导；最后那个从来不穿制服的工人变成了那些工人们的顶头上司——建筑公司的老板。"

少年茫然地眨了眨眼睛，表示他完全没有听懂。那个人示意少年看看那些正在工作的工人们，说道："你看到那些人了吗？他们都是在为我工作。人这么多，我却连他们的长相都记不清楚，更别说记住他们的名字了。可是，你有没有看到他们中间有一个身穿红色衬衫的人？他工作比别人更认真，而且每天工作的时间比别人都要长，那件独特的红色衬衫，让他在不起眼的工人中特别显眼。我现在就要把他提拔成监工。小伙子，我就是通过这样的方法来获得成功的，我除了工作比其他人认真，付出的努力比别人多，我还懂得如何让我显得和别人不一样，让上司尽早注意到我，这样便会有更多成功的机会。"

你受重视的程度，决定了你能不能够获得成功的机会。酒香也怕巷子深，你要想办法让自己和别人不同，让别人能够看到你的优点。

好莱坞历史上最具代表性的影片之一《乱世佳人》的影响力很大，其魅力贯穿整个20世纪。无论岁月如何流逝，它始终是很多人心中的一部经典电影。特别是在电影中一夜出名的女主角——斯嘉丽的扮演者费雯·丽。正是这部电影成就了她这好莱坞史上的伟大女演员。可在当时，斯嘉丽这么一个主要的角色，险些错过了费雯·丽。当时《乱世佳人》这部电影即将开拍，却一直没有确定主角斯嘉丽的扮演者，有上百名演员争抢着想扮演这个角色，导演却没有找到一个能够胜任的人。

在英国皇家戏剧学院完成学业的费雯·丽就是上百名的竞争者中的一个。那个时候，没有人注意到她，她向导演推荐过自己很多次，每次都被挡在门外，甚至还被嘲笑不要做白日梦，主角斯嘉丽不会让一个名不见经传的小演员来演。虽然一次次被拒之门外，可是费雯·丽并没有就这样放弃，她只是想怎么才能让别人知道她能演好那个主角。

直到《乱世佳人》的外景已经拍完了，制片人大卫还在为找不到合适的主角扮演者而发愁。费雯·丽看到制片人愁眉不展的样子，觉得自己成功的机会就要来了。只要能够成功地让制片人看到自己的与众不同之处，她也许就能拥有一个成为女主角的机会。

为了让一切顺理成章，她请求一个男人来帮自己，并告诉他应该怎样才能帮助自己。过了一段时间，男女两人在制片人的面前走上楼梯。制片人只认识那个男人，可是又好奇那个女人是谁。因为她的样子和谈吐就和电影中要求的女主角斯嘉丽一模一样！

突然间，男人转头朝着制片人喊道："嘿，大卫，这就是斯嘉丽！"

制片人大卫震惊得瞪大了双眼："这不就是我要找的斯嘉丽吗？！"

大卫很是激动，急忙向这个男人询问这个女人是谁，并表示想让她去试镜女主角。

就这样，费雯·丽与制片人大卫攀谈起来，大卫在两个人的谈话中发现了她的与众不同，这才有了以后的"斯嘉丽"。

在很多情况下，我们并不是能力不足，而是没有一个能够让我们尽情发挥的舞台。但是，机会不会自己送上门来，我们应该主动出手，抓住机会。如果等待机会上门，就只能与机会擦肩而过。勇于在有利于我们获得机会的人面前展现自己，机会才不会在不经意间溜走。

如果你真的是有能力的，也得让别人看到你的能力，才能获得机会。所以，我们也要懂得在适当的时候表现自己，为自己创造机会。

扩大社交圈，让朋友帮你找朋友

中国有句俗话说："在家靠父母，出门靠朋友。"由此可见，朋友对我们是多么的重要。人存在于这个社会中，生活在这个世界上，转换于不同的环境之中，一定会遇到各种各样的问题。想要克服困难，获得成功，避免不了要利用自己的社会关系。如果任何事情都靠自己，即使你很聪明，很努力，也未必能够获得成功。

想要获得更大的成功，事业上更上一层楼，就需要更多的资源来为这一目的服务。换句话说，你需要不断扩大自己的社交圈，去结交更多的朋友，让朋友成为一种资源的中转站，帮助你开拓更多的领土，产生一种积极的连锁反应。

杰森是美国西部一家上市公司的初级会计师，因为公司内部的机构调整，杰森在几个部门都工作过，凭借着自己的努力，杰森在每个工作岗位上都能够胜任并且游刃有余。考虑到自己今后事业的发展，杰森便想到俄亥俄州去工作，以便将来有更广阔的前景，实现自己的人生价值。

杰森在俄亥俄州没有熟人，在州内的一些公司也没有朋友，他利用写信的方式，把自己的简历邮寄到中意的公司去。虽然杰森的工作经验很丰富并且很出色，最终的结果却与他的初衷背道而驰。

苦苦思索之后，杰森决定利用自己的人脉，看看自己的一些朋友能否帮到自己。杰森很细心地把自己的人脉分门别类地整理了一下，然后列出了一个关系圈，标明了相互之间的联系，尤其是和会计师相关的一些朋友，最后重点关注的就是能够在他去俄亥俄州这件事情上帮助他的人。

通过这样整理后的人脉关系圈，杰森很快就发现，有两个人在俄亥俄州会计行业中能够帮到自己。他们分别是杰森的老板威尔金森、弟弟的好朋友里维斯。

　　确定目标之后，杰森就思考怎样才能获得对方的帮助，这是自己能否成功至关重要的一环。如果自己直接请求对方帮助自己，就显得很突兀，对方不一定愿意。最终，杰森想出一个办法，那就是找机会先帮助对方。如果对方得到了自己的帮助，等到自己有求于他的时候，对方会因为自己帮助过他而来帮助自己。

　　通过与自己弟弟的交谈，杰森获得了一个重要消息，里维斯对一个高校的女学生晚会非常感兴趣，参加的愿望也很强烈。通过自己的好友肯扬，杰森结识了肯扬的妹妹古丽娜，而古丽娜恰恰是晚会重要的成员。通过古丽娜的介绍，杰森与晚会主办方的主席成了朋友，杰森也成了晚会筹备委员会的一个委员。

　　杰森成为筹备委员会委员后，邀请了里维斯参加，里维斯相当感谢他，特意为杰森举办了一个家庭晚宴来表示感谢。在里维斯的家庭晚宴上，杰森与里维斯的父亲奥力德相谈甚欢，他无意中透漏出自己想到俄亥俄州工作的想法，而奥力德答应通过关系，帮助一下杰森。虽然奥力德是一个建筑师，但是他在俄亥俄州的人脉非常广，特别是在圈内，非常有名气。

　　一个月以后，里维斯的父亲奥力德联系到了杰森，介绍他认识了俄亥俄州一家猎头公司的老板。由此杰森如愿以偿地进入了一家会计公司，并且获得了令人羡慕的职位和薪水。

　　通过这个故事，我们很容易发现，有些事情当我们自己无法解决的时候，通过周边朋友的帮助，合理利用好人脉资源，我们就能达到当时仅仅靠自己无法达到的目的。在社会生活当中，我们要注重与人交往，建立良好的关系，通过良好的人际关系，来实现自己的目标。

正所谓"众人拾柴火焰高"，你要利用好每个人的优点来实现自己的目标。良好的人际关系是相互作用的，我们要学会取长补短，因此，建立良好的人际关系对自己、对他人都有着重要的作用。

让朋友成为自己事业上的帮手

发动机是汽车的心脏，为汽车提供动力，而朋友可以说是你事业的发动机，为你的事业提供助力。当你将朋友和事业结合在一起时，你就更能认识到扩大自己社交圈的重要性。

下面是一个关于马里奥面包连锁店的故事。

"马里奥面包店"非常古老，而且很有名气，是一家百年老店，年轻的马里奥从父亲手里接过了马里奥面包连锁店。作为家族式产业，马里奥想让连锁店在自己手中名扬四海，想让这份事业在自己的经营下更上一层楼，他不想只是活在先辈的光环之中。

有一次，马里奥和妻子很早就做好了度假计划，在度假的前一天晚上，他们早早地关店，准备第二天的度假用品。但就在他出门的时候，马里奥看到了一个面黄肌瘦、衣衫褴褛的年轻流浪汉。

看到如此可怜的流浪汉，马里奥眼中露出了同情的神色，他快速走到年轻的流浪汉面前，柔声地问道："年轻人，你遇到了什么困难，有什么可以帮助你的？"

年轻人操着浓重的巴西口音，怯生生地问道："这里是马里奥面包连锁店吗？"

"是的，有什么困难，你可以告诉我。"

小伙子低下头，有些不好意思地说："我从巴西来，三个月没有找到合适的工作了，钱包也被偷了，很长时间没吃过一顿饱饭了。我父亲告诉我，他以前来过美国，在这个店里买过东西。"接着他把一个脏兮兮的、带有"x"字母的围巾递给马里奥看，马里奥也看到了自己店的特殊符号"x"。

"我希望……"年轻人小声说着，似乎感到羞怯，吐字稍有不清。

热心的马里奥把年轻人带到了店里面，为他做了丰盛的晚餐，之后资助了他一笔回国的路费。虽然他只是异国他乡一个老顾客的儿子，但通过这样的善举，他交下了一个朋友。

对于这件事，马里奥很快就忘记了。通过他十几年的努力，他的许多分店在美国陆续营业。在市场饱和情况下，他想要开拓海外市场，但是在海外没有熟人。如果去海外的话，一切都得从零开始。想到这儿，马里奥犹豫不决，难以做出明确的决定。

就在他感到难以决断之时，意外地收到了多年前帮助过的那个年轻人的来信。

在信中，年轻人请马里奥到巴西共谋事业的发展，此时这个年轻人已经是巴西一家知名公司的老板。马里奥欣喜若狂，通过年轻人的帮助，很快就在巴西站稳了脚跟，他的连锁店也得到了快速的发展。

再来看看下面的这一则反面案例。

贫穷与不幸伴随着马塞洛的童年。15 岁的时候，他借钱买的偷捕龙虾的小船被水警拖走，他也受到处罚。在被处罚做搬运工时，马塞洛偷偷地逃了出来，开始与水手厮混。

一年以后，马塞洛和姐夫加入阿拉斯加淘金者队伍当中，这些淘金者什么人都有，多数是对生活充满热情的英国的劳苦大众，很多人成了马塞洛的朋友。

来自墨西哥的坎通纳是马塞洛的朋友中很特别的一个，他的人生充满辛酸，他的经历让马塞洛落泪，马塞洛决定把完成"淘金者的人生"的书当成自己的目标。

马塞洛在空闲的时间请教坎通纳，记录他的经历，由此马塞洛对淘金者的世界有了更深入的了解。1899 年，马塞洛的第一本书问世了，在完成第一本书《给猎人》时，马塞洛年仅 23 岁。不久之后，《狼之子》作为小说集也出版了。

马塞洛的作品有一个共同的特点，就是以淘金者的生活为主题，写得非常真实，贴近人们的生活，尤其是符合底层读者的心理需求，这样就获得了广大读者的喜爱，占领了市场。马塞洛的作品不断畅销，而他自己也逐渐走向了成功。

在成功以后，马塞洛经常去看望他当年的那些朋友们，和他们一起吃饭，聊着过去的事情，正是这些患难与共的淘金者给予了他足够的灵感，他才逐渐取得了成功。在最初的时候，马塞洛并没有忘记这些朋友。

马塞洛的名气越来越大，他也因此积累了大量金钱。他成了名人和有钱人，生活就开始堕落了。在大肆挥霍金钱的同时，他写作的初衷也因为对金钱的依赖和过分看中而慢慢地改变，灯红酒绿的生活使马塞洛忘记了曾经的穷哥们。这时，他不再主动接近那些朋友，也不再去了解那些朋友的生活了。

坎通纳曾经来到墨西哥看望马塞洛，马塞洛一周中只见了他两次，还遭到了冷遇。马塞洛总是用各种应酬和酒会的原因来打发坎通纳，对他视而不见，也不想与他一起吃饭、聊天。

这种转变是悲剧性的，也是灾难性的。正如坎通纳坚决离开了他一样，马塞洛的那些淘金者朋友也从他的周围消失了，慢慢地离开了他的视野。马塞洛的冷漠让他失去了这些朋友，而朋友们也不再为他提供写作的素材了。

没有朋友，没有素材，马塞洛的创作没有了灵感，由于写不出像以前一样的作品，马塞洛开始面临着精神压力和金钱危机。1916 年 11 月 22 日，他在家里用一把手枪结束了自己的生命。

可以说，朋友对个人的事业发展来说是很重要的。聪明的人擅长让朋友参与自己的事业，并且围绕事业来建立一个稳固的朋友圈，让每一位朋友都从中受益。

坦然接受朋友的帮助

大多数人都觉得，只要我们待人以善，乐于助人，就能让别人喜欢自己，也能交到朋友。事实上，乐于助人是好事，但是如果我们总是帮助别人，别人没有机会回报我们，他们就会有心理负担。所以，我们也应当在遇到困难时，接受别人的帮助，双方可以在这个互助过程中加深感情，这样对方才能够更加喜欢你，也更加把你当作自己的朋友。

为什么我们有时候要接受别人的帮助呢？

第一，当我们在某些事情上遇到了困难的时候，如果朋友帮助我们一下的话，对方通常会觉得双方的关系比以往更加亲密。

第二，我们都知道，当有一个人来找我们帮忙时，我们的自我存在感就会更加强烈，会产生一种被依赖的感觉。当我们在接受别人的帮助时，他们的感觉和我们帮助别人时是一样的。

在一家广告公司做文员的娜娜 23 岁，长得很漂亮，性格也很好。公司里的同事都知道她是一个热心肠的人，无论是谁，只要找她帮忙，她一定会全力相助。可是她从来不会给别人添麻烦，每次有困难时，她都是自己一个人去解决。

有一次，她遇到了很大的麻烦，父亲出了车祸被送进医院，母亲又在去医院的途中心脏病复发。父母双亲都住进了重症监护室，这对一个人的打击是非常大的。公司的同事听说后，非常着急，都想帮她一下。于是，大家悄悄商量后，十几名同事凑了五千元钱送到她的面前，希望她先拿去用。

但是娜娜拒绝了，她说："我非常感谢大家，但我真的不用，我自己能解决，请相信我的能力！"

这样很好吗？她自认为这是一种优点。但事实恰恰相反，因为时间久了，公司里的人渐渐都不再与娜娜来往，找娜娜帮忙的人也越来越少。娜娜觉得很费解，后来有人告诉她，她从来都不麻烦别人，大家都觉得不好意思再去麻烦她了。是的，正因为人们"相信她的能力"，才从中读出了一种自信，甚至自负的味道，以至于不敢再接受她的帮助。其实，在人际交往中人们一般会遵循互惠原则。

这一原则是由著名的社会心理学家霍曼斯提出的，霍曼斯教授认为，人际交往本质上是一个社会交换的过程，相互给予彼此所需要的东西。对于这一点，我们一定要认清。

朋友之间是讲求互惠互利的，双方需要保持一个利益的平衡。如果平衡被严重打破，就可能导致关系破裂。

为了让彼此的关系更加牢靠，我向你们提出以下建议。

第一，真心接受别人的帮助。

在现实生活中，我们总是能见到这样一种人，他们总是坚持己见，觉得自己什么都能做好，不愿意接受别人的帮助。实际上，这是一种错误的做法。你应当学会耐心地让对方把自己的看法讲出来，如果你觉得对方能够帮助你解决当前的问题，你就应当诚心接受对方的帮助，就算是对方提供的帮助让你觉得没有多大意义，也不应当直截了当地拒绝对方，而是要用一种委婉的方式来告诉对方，这样才不至于让对方觉得尴尬。

第二，不要老是把"忙"挂在嘴边。

我们活在一个竞争相当激烈的世界里，每个人每天都会觉得有做不完的事情，无论是上班还是下班都觉得很忙，在工作的时候忙，回到家里也忙，我们许多人常常把忙挂在嘴边。就是因为生活节奏快，我们才更加需要朋友的帮助。朋友之间的互相帮助，会让我们觉得轻松一些。假如我们一直把忙挂在嘴边，那就等于拒绝了朋友的请求，而在自己需要帮助的时候也不会得到朋友的帮助。

第三，不能做忘恩负义的事。

一个人在现实生活中是绝对不能做忘恩负义的事情的。有些人在功成名就之后，因为有了权势，觉得自己有了身价、有了地位，于是便不把朋友当一回事儿了，这导致他们与朋友之间的距离越来越远，与此同时，他们在自己朋友心里的形象也会受损。

第四，不要有过多的偏见与猜疑。

一个人不能有过多的猜疑之心，如果一个人一直抱有猜疑之心来看待生活的话，那么他一定活得小心翼翼，对于任何事情都没有安全感，并且不会去相信别人，这对他的人际关系的影响是相当大的，严重者甚至还会影响到他的身心健康。这种人总是用猜疑的眼光去看待身边的事：当看到有人在讨论些什么的时候，他们就会觉得别人是在讲他们的不好；当别人帮助他们的时候，他们就会觉得对方是另有目的的。

　　乐于助人是美德，而能够真心地接受别人的帮助对别人来说也是一种尊重。人与人之间的互动，就像坐跷跷板一样，要高低交替。一个永远不肯吃亏、不肯让步的人，即使真正得到好处，也是暂时的，迟早要被别人讨厌和疏远，而一个永远都不接受别人帮助的人也注定会没有朋友。

让朋友表现得比自己更出色

　　美国的钢铁大王——安德鲁·卡内基是人们所熟知的人物，他本身既没有雄厚的资本，也没有与钢铁相关的专业技术和知识，却成为世界闻名的钢铁大王。其成功的背后究竟有着什么样的秘密？这引起了很多人的兴趣。

　　在卡内基大获成功以后，有一个美国记者费尽心思终于抓住了采访卡内基的机会。他一见到这位钢铁巨子，就急切地问道："尊敬的卡内基先生，以您在钢铁业的成就，想必您自身的炼钢技术一定达到专家水准了吧？"

　　"哈哈，记者先生，您一定弄错了。我在炼钢方面的知识和技术在我们公司里面估计得排在三百多名了。"卡内基听了那位记者的提问，不禁大笑着说道。对他而言，这可能是自己遇到的最有趣的问题了。

那名记者惊讶地说道："那您是依靠什么特殊本领成为钢铁大王的呢？"

卡内基想了一下，说道："那是因为我知道该如何有效地鼓励公司员工，让他们为公司发挥自身的特长。"

事实的确如此，安德鲁·卡内基就是依靠他那套激发员工发挥特长的方法来促使其创办的钢铁公司在美国的钢铁业中取得发展的。其中，非常重要的一点是，他让得力的助手成为自己的朋友，让他们展现卓越的才能，而自己却退居幕后。

曾经有一段时间，卡内基的钢铁厂因为产量始终上不去，效益很差，难以发出薪水。钢铁厂的一些员工对此怨声载道，整个厂子几乎陷入了瘫痪的状态。在这种情况下，卡内基果断地打出高薪策略，力排众议，用百万年薪的高额薪资请到了查理·斯瓦伯来担任他的钢铁厂的总裁。

查理·斯瓦伯出任钢铁厂总裁之后，推出了一系列政策，最为明显的就是鼓励那些日班和夜班的工人进行竞赛。如此一来，整个工厂的生产状况迅速得到改善，全厂的钢铁产量大大得到提升。安德鲁·卡内基也因此一步步成了名副其实的美国钢铁大王。

由此可见，卡内基的确是非常聪明的。假如他因为是钢铁厂的老板，就自命不凡，以为自己就是拥有特长的炼钢专家，自然就会导致大批炼钢水平极高的专家离他而去。不仅如此，恐怕连拥有管理特长的斯瓦伯也会被卡内基拒之门外。当然，人们也就不会像现在这样如此尊敬安德鲁·卡内基了。

安德鲁·卡内基的行为恰好印证了法国哲学家罗西·法古说过的话："如果你要得到仇人，那就表现得比你的朋友优秀吧；如果你要得到朋友，那就要叫你的朋友比你表现得更优秀。"

当你身边的人表现得比你还要优秀的时候，他们就会有一种"我是重要人物"的自豪感。可是，当他们发现不如你优秀的时候，就会产生一种自卑感，还可能会由此产生诸如羡慕、嫉妒等不良心理。

亨丽塔在纽约市中区的人事局工作，是这里最有人缘的工作介绍顾问，但是她过去可不是这样的。在最初来到人事局的那些日子里，亨丽塔连一个朋友都没有。

这种局面的出现全都是由于她的一些行为造成的。她为了保持自己所谓的尊严，几乎每天都会十分卖力地吹嘘自己在工作介绍这方面的成就，或者她新开户的存款数额……她所做的每一件事情都会成为她在同事们面前卖弄吹嘘的资本。

"我始终认为我做得很不错，而且深深以此为傲。可是这些非但没有同事来跟我分享，他们还会对此表现得极为不高兴。"亨丽塔对我们的咨询顾问如是说。

"我渴望我的同事们能够喜欢上我，我发自内心地渴望他们能够跟我成为朋友。在跟您交流了多次之后，我遵从了您提出来的一些建议。"

"在同事们面前，我开始从一个夸夸其谈的吹嘘者变成一个用心的倾听者。我越来越少谈论自己，而是更为用心地去听同事们说话了。"

"他们的确也有很多可以吹嘘的事情，我会注意他们的成就，他们比听我吹嘘要兴奋得多。如今只要有时间闲聊，我就会主动请他们跟我来分享他们的成就，而我的成就只有在他们主动询问的情况下才会说一下。"

苏格拉底也曾经不止一次地对他的门徒进行过这样的告诫："你们只需要知道一件事情，那就是你们是一无所知的。"

一个蔑视的眼神、一种不满的语气或者一个很不耐烦的手势，都有可能带来不良后果。在指出别人的错误时，千万不要有以上的种种表现。因为这样做会伤害对方的自尊心，打击对方的积极性，甚至还有可能导致对方的反击。此时，就算是你把诸如柏拉图或者康德这样的伟大先哲的种种真理搬出来也于事无补。

所以，任何时候都不要用极为不屑或者傲慢的口气说出如下的话来："走着瞧吧！你会为你的错误付出代价的。"这无异于在说："事实会证明，你比我愚蠢，我其实比你聪明得多。"

这样的话本身就是一种挑衅，即便你的初衷是好的，也会把自己给拖进一种远离问题本身、二人拼勇斗狠的泥潭里面。

在纽约，一位年轻的律师有幸参加对一个重大案件的辩论。这个案子涉及的是一大笔金钱，还有一个法律上的重要问题。在那场辩论中，一位来自最高法院的法官向年轻律师问道："《海事法》中对于追诉期限的规定是六年，对吗？"

那个年轻的律师怔了一下，抬起头看看法官，然后非常直率地说道："不对，庭长，《海事法》对于追诉期限没有规定。"

这个年轻的律师后来也说道："我说完的那一瞬间，整个法庭里面立刻就安静下来了。尽管我说的是对的，他说的是错的。可是我如此直率地指了出来，对方非但没有丝毫感激我的意思，反而为此大为恼火。他的脸色一片铁青，叫人不寒而栗。虽然事实上我根本没错，可是我却在人际交往上犯了一个极大的错误——竟然毫无保留地指出一位颇有声望而且学识渊博的最高法官的错误。"

这个年轻的律师的确犯了一个错误。他忽略了一个技巧，那就是在指出别人错误的时候，没有说得更为含蓄。他非但没有换来别人的感激，却引来了别人的恼火。

有鉴于此，我们有必要对自己的成就保持低调，轻描淡写地来对待。我们要学会谦虚，只有如此，我们才能够受人欢迎。在朋友面前，我们可以比对方聪明，但是我们没必要告诉他们——我比你聪明。

"雪中送炭"测试

2014 年 5 月，我们在纽约、华盛顿、洛杉矶、北京、广州、首尔、汉堡等 25 座城市进行了一次为期 2 个月的"雪中送炭"测试——我们组织了 60 个小组，成员来自各行各业收入水平不一的各个阶层，有月薪 4000 元的工薪族，也有月入 3 万元的中产阶层，更有年收入 100 万元以上的高薪人士。

测试的任务很简单：我们要求参加者在未来的 3 个月内，制造自己需要用钱的假象，最好是让自己在别人眼中看起来穷困潦倒，已经到了急需帮助的地步。然后，他们要挨个向自己的朋友开口借钱，看看到底有多少人会借给自己钱。

人们对参加这项测试很感兴趣。他们都十分好奇，那些平素和自己十分要好的朋友在自己遇到困难时会发生什么样的改变，于是，3 个月后，我们收到了一份让人大跌眼镜的结果：

工薪族——向 20 个朋友开口，平均只有 3 个朋友答应借钱，最后只有 1.5 个朋友借钱成功，而且数额也没有超过 1 万元；

中产阶层——向 30 个朋友开口，平均只有 7 个朋友答应借钱，最后只有 4 个朋友借钱成功，数额都没有超过 3 万元；

富人阶层——向 10 个朋友开口，平均有 6 个朋友答应借钱，最后有 4.5 个朋友借钱成功，平均数额在 20 万元。

从这些数据中我们发现，不管你是工薪族，还是社会成功人士，在你落难时，并不是所有的朋友都会热心地帮助你。尽管比率并不相同，但大体而言，多数朋友都在关键时刻跑掉了，没有站在自己的身边。

也就是说，在你最困难之时能够帮助你的，可能才是你真正的朋友。

这让我想起几年前发生的一件事情——正是这件事情和随后的一系列变故，让我召集机构的负责人，开始了对这项测试的安排。

2011年下半年，我的一个朋友凯莉女士因为生意上出了点儿意外，需要一笔钱应急。当她打电话给我的时候，我感觉到有一点儿奇怪——因为我们只是一般的朋友。她是机构的合作客户，是我们特聘的心理学顾问，但还没有熟到可以张口借钱的地步。因此，我就有了一点儿犹豫，到底是借还是不借？

我和她说一会儿我再给她回电话。后来我考虑了十多分钟，还是决定把这笔钱借给她。毕竟对于我来说，这并不算是很大的一笔钱，我的想法是能帮就帮，可能凯莉确实遇到了非常大的麻烦。对美国人来说，开口向别人借钱是需要极大勇气的。

半个小时后，我把钱打到了她的账上。过了一个星期，她就把钱还给了我，还请我出来喝茶。我们两个人找了一家茶馆，沉默地坐了半晌。她先开口打破了沉默，向我倾诉她在借钱过程中的种种感受。

她对我说："你能答应把钱借给我还真是在我的意料之外。"

我顿时有点儿疑惑了，便开口问道："你为什么会这么想呢？"

她回答说："在给你打电话之前，我已经打过9通电话了。你是第10个。当你说'一会儿给你回电话'时，我已经认为我需要打第11通电话了。"她的脸上露出一抹无奈，"我是按照亲疏关系打的这10个电话，越打到后面越是没有信心。所以，打你电话的时候，已经是把死马当成活马医的心态了。"

之后，就这个话题我们谈论了很多。凯莉总结性地说了一句话："如果不是这次找朋友借钱，我还以为我有很多朋友。然而现在我才明白，我原来是这么的孤独，根本就没有什么值得依赖的朋友。"

之后的几天，我一直都在想这件事。我还和合伙人史密斯商讨了这个话题，他也感到十分有趣，并且深有感触。我们召集了几名策划人员，就这一测试展开了计划，制订了一个初步的课程概要，决定在不久的将来开始推广，以帮助人们重新认清朋友的定义。

然后，我决定假装向朋友借一次钱，来了解一下自己是否也如凯莉一样孤独。在做这件事之前，我打电话把想法告诉了她。她听到之后立刻笑了，说道："我劝你还是不要做这种游戏，这会让你感觉一下子就从天堂落入地狱！"

不，我没有因为她的话而停止做这件事情。我把现在身边自认为的好朋友挑了出来，列成了一个单子。这些人全都在洛杉矶本地，而且是华人，外地的和美国人并没有列入。这么做是为了增加借钱成功的系数。

他们和我从来没有过金钱上的借贷关系，也和我的工作没有丝毫的牵连。我们经常在一起，要不吃吃饭，要不喝喝茶，要不泡泡酒吧，总之他们就是那些常常和我一起玩的朋友，相互之间我帮他们一点儿小忙的时候居多，属于纯粹意义上的朋友。名单上一共有 9 个人，而且以他们的经济实力——他们大多在美国做生意，我认为借几万美元肯定是没有问题的。

确定了这些人的名单后，我给他们每人发了一条内容差不多的短信：

我现在遇到一点儿麻烦，需要向你借 2 万美元，三天之内我就可以把钱还给你。如果行，给我打个电话；不行，就发一条信息。因为急用，所以请尽快答复。

这条信息我是下午四点钟发出去的，史密斯在旁边做了见证。晚饭时间还没到，我就收到了 7 条信息和 2 个电话。信息回得都很快，全部都没有超过一个小时，其中有一通电话是我的信息发出后 20 分钟左右回的，还有一个电话是在信息发出后的一个半小时左右打来的。

这 7 条信息的内容如下——

郑先生：真的很对不起！我目前也很困难，真的，要不然的话，你的事情肯定没话说的，你再想想别的办法吧，真的很不好意思！

吕先生：就在上个星期，我的小姑刚向我借了 2 万，下个月还是有可能借给你的，但这个月真的是不行了，真对不起！

杨先生：这段时间我自己也很困难，前一段时间在生意上赔了很多钱，差点儿把车都卖了。真不好意思，我如果情况好的话肯定没问题的，就是 10 万我也可以借给你。

张先生：李，真是不好意思了，我的钱都在股票里，很对不起！下一次我一定帮你！向你道歉。

陈先生：你为什么会借钱呢？我想不到你会缺钱。我前天才借给别人 3 万美元，是收利息的。你怎么不早说？不好意思，你还是再想想其他办法吧。

李先生：对不起，最近我的股票全都被套牢了，手里头没有现金，真的不好意思！

章先生：我女儿开学就要从美国转回上海的学校去了，一开学就要交钱，而且还有回国的一大笔费用，我现在没办法帮你，请原谅我！

看着这 7 条信息，我只感觉自己的心都有些凉了。我又翻看了一下未接的通话记录，想看看是哪两位朋友给自己打来的。

电话是姓黄和姓高的两位朋友打来的。我先给黄先生回了电话。

黄先生：喂？

我：你好！

黄先生：搞什么啊，怎么这点儿钱还要找人借啊？你的机构是不是出什么事儿了，是亏损了吗？不对呀，如果是这样，2 万美元也没什么作用。告诉我，你到底出了什么事？

我：倒是没出什么事儿，公司的钱这几天不方便支取，恰好又碰上家里急用，手头的现金不够，因此需要借一些。

黄先生：哦，没出事就好。你是在公司吗？

我：没有，现在在家。

黄先生：哦，你也在家。我女儿在放学时被一个白人小子的自行车给撞了，小腿骨折了，我这几天都没出门了。

我：啊？你女儿骨折怎么都没听你说啊？需要我帮忙吗？

黄先生：我已经请了两个星期的假，我妻子那个该死的公司请不到假。我只好准备下个星期让我爸过来帮着照顾一下。这种事你就不用管了，现在把卡号告诉我，我正好在家，直接在电脑上把钱给你转过去。

挂了电话，感觉到心里似乎微微暖和一些，我又给高先生打了回去。

高先生：喂，我是老高，你现在在哪里？

我：我在家呢。

高先生：哦，我刚回来，钱都已经为你准备好了，是你过来拿，还是我给你送过去？

我：怎么好意思让你再送过来啊，这样吧，我等会儿去你那里，给你写张借条，三天内就把钱给你还回去。

高先生：行，那你赶紧过来吧，我在家里等你，正好一块儿吃饭。

这个测试完成以后，我和史密斯一起去找了一家酒吧，各自发了一番感慨。我告诉他，借钱给我的这两个朋友平时从来没有麻烦过我任何事情，但是其他朋友倒是常要麻烦我，不是培训费用打折的事情，就是股票投资的事情，总之不断地找我帮忙。

他问我："借给你钱的朋友你准备告诉他们实情吗？"

我摇着头笑着回答道:"除非我今晚患上精神病!"

史密斯也笑了:"从现在开始,你也只有这两个朋友了。"

帮助过你的人永远都会帮助你,但你帮过的人就不一定了。我们要明白哪些人才是真正的朋友。这样以后要是真的遇到困难,也就知道该找谁帮忙了。省得到时候去求一些靠不住的人,不但你自己心里难受,别人也会尴尬,还会耽误了事情。

其实最重要的事情,是我们要学会分辨出什么样的朋友是可以一起玩的,也要知道什么样的朋友是可以真心依靠的。对于那些可以一起玩的朋友,平时一起娱乐就好,不要去麻烦他们;但对于那些可以依靠的朋友,一定要好好对待他们。到最后我们或许会发现,虽然我们有很多朋友,但真正靠得住的,可能只有寥寥数人而已。

第三篇

CHAPTER 03

老师篇

好老师和坏老师

我们最初对老师的认识源于学校，师者，所以传道授业解惑也。好的老师就像灯塔，能给迷途之人正确的指引并帮他们解惑，能把"坏学生"变成"好学生"，能让"好学生"成为"优等生"。当然了，学校中对于老师的评价多是从学生成绩方面去考量的，我们也在求学路上遇到过形形色色的老师，对他们也有着自己的评价。

那么，如果在一个团队或者一个企业中，什么样的老师是好老师，什么样的老师是坏老师呢？

团队中的好老师其实就是好领导、好老板、好上司，是一个团队中的管理者、领导者，是能够令团队中的每个成员找到自己的位置，促使团队迸发出活力和创造力，能够不断做出业绩的领头羊。但这样的领导者通常不是常规意义上的"好领导"，他们可能不遵守规矩，对于下属不够"宽容"，也没有和下属形成其乐融融的关系，但他们总是能够做出更好的成绩。

请问，这样的领导算不算好老师呢？

在很多创业型的公司中，那些不符合"好"的标准和条件的"坏老板"通常有更加坚韧的毅力和更加灵活的头脑，他们喜欢用与众不同的思维想问题，不循规蹈矩，不墨守成规，只会拿行动和结果说话。看上去这些不近人情的老板应该被划分到"坏老师"的行列，但从长远的角度来看，他们的行事作风对员工的影响是巨大的，这样的老板反而是很好的老师。

案例 1: 史玉柱——我只问成绩，不问苦劳

总有人想替成绩不合格的人说话，所以就有了"没有功劳也有苦劳"这样的话。"我虽然没有做出成绩，但我也付出了劳动，你不能因为一个结果就否定了我所有的努力"。刚被剥夺了季度奖金的白领姜先生向自己那位"铁面无私"的领导抱怨。领导则义正词严地回复他："要么你收拾东西走人，要么你闭嘴做好接下来的事情。在我这里没有'苦劳'这一说，我别的不看，只看最终结果。"

很多员工都在犯这样的错误，喜欢从道德上审判自己的领导，跟自己的关系好、能"睁一只眼闭一只眼"的领导就是好领导，事事公正严明、不苟言笑的领导就是坏领导。但公司是个营利机构，不是慈善机构，如果人人都要用"我有苦劳"这样的理由邀功，那结果导向就只是空谈，团队就不能做出成绩，公司也得不到发展。

史玉柱就这样要求自己的员工。他的原则是：在公司里不认

苦劳，只认功劳。这条是巨人企业文化中的 NO.1，是至关重要
的原则。他要求所有的管理者都去当一名"坏老师"，而不是员
工心目中的"好老师"。

在巨人公司，一线的销售人员达不到业绩标准，就拿不到多
少钱，但如果你的业绩很好，就可以拿到非常高的提成。最后产
生的收入差距非常大，收入最低的几百元，最高的则几万元甚至
10 万元以上。而且，销售业绩前五名会得到史玉柱颁发的奖杯，
而排在最后面的五个团队将会得到一面黑色锦旗，上面用烫金的
大字写着"倒数第 × 名"的字样。

这种极为苛刻的激励手段非常奏效，排在倒数的人会为了
"雪耻"而迎头赶上，名列前茅的人为了保住自己的地位，也会
更加奋发图强。

巨人公司曾经查出有员工就产品营销的消费者访谈作假的事
情，为了杜绝这种弄虚作假的事情再次发生，史玉柱出台了一条
很"变态"的惩罚措施。比如发现公司的"张强"作假，在开全
国性会议的时候，他就会让张强到台上，让他在众目睽睽之下，
接受通报批评。如此一来，员工就不敢再作假了，史玉柱也确实
打造出了全国第一的营销团队。

这种做法当然不能得到所有人的认可，有些人会觉得这些做
法太过分，尤其是对于只想赚点儿稳定工资而混日子的员工。但
不得不说，从事销售工作就像上了硝烟弥漫的战场，每天都有硬
仗要打，一个只想搞好气氛的老板是做不出成绩的。从这点来

说，史玉柱这样的苛刻管理也不是一点儿道理都没有。

案例 2：马云——在我这里，新人没有资格谈战略

2011 年 8 月 29 日，阿里巴巴集团董事长马云在集团的内网上发了一个将近三千字的帖子。这帖子是他在坐飞机的时候花两个小时写出来的，主要是针对那些年轻的新来员工。在这个帖子中，他直截了当地对一部分新员工的工作态度进行了批评，因为这些人"没来阿里几天就对一切进行指责和批判"。他警告了那些来公司不到一年的人，禁止他们给自己写什么战略报告，谁要是敢跟他提战略，他就请谁离开。

马云的这个帖子其实主要是想跟年轻的员工谈论自己的一些建议，希望能让心浮气躁的员工踏实下来工作。他的主要意图就是告诫年轻人，先耐心学习，打下基础，再去表现自己。也就是说，你身边都是你的老师，他们都有比你强的地方。你越是感觉自己很了不起，越容易犯错，需要积累与观察。

"我们永远不会承诺你发财、升官。在阿里我们一定承诺你会很倒霉，很郁闷，很委屈，很痛苦，很沮丧……"

"刚来公司不到一年的人，千万别给我写战略报告。千万别瞎提阿里发展大计……谁提，谁离开！但你成了三年阿里人后，你讲的话我一定洗耳恭听。"

"公司不是请你们发展自己的，公司花钱请你们是来帮助客户成长的。我们是通过发展客户来发展自己的。"

这就是马云在帖子中说的话，他非常直白地告诉每个人：我请你来这里是让你做事的，而不是请你提建议。这些话听起来很无情、刺耳，但直击问题重点，这也是马云管理思想很确切的一种表达和体现。在马云看来，他需要的是一流的执行力，而不是那些一流的点子，一个只有想法而没有执行力的队伍完全是苍白无力的。

从这个案例中你能学到的是什么？一个不合格的老师，可能在见到你的第一天，就会让你谈谈自己的想法，听取你的建议，尊重你的个性。这听起来很人性化，但实则可能害了你。一个优秀的老师则不然，他会对你严格要求，让你向优秀的人学习。你可能会觉得受到压制，不能表达，不能展现才能。你为此十分愤慨，但过了相当长的时间以后，你就会发现，原来这样的老师才是自己需要的——因为他们能给你足够的积累时间，让你在长时间的观察与磨砺中拥有冷静的头脑，形成成熟的想法。

在一个企业或者说一个"环境"中，人们希望能找到一位老师——在这位老师的带领下，少走弯路，希望老师帮助自己尽快取得成功。但是，"好老板""好老师"并不是形式上的，那些把面子工程做得很漂亮的老板并非真正的好老板，表面上让你感觉很好的可能也不是什么好老师。也许他们除了可以让你舒服地混日子，什么都没教会你。

你如果遇到一些困难，你就永远不知道自己有多优秀。那些表面看上去十分苛刻和让人讨厌的"坏老板"其实能提供给你更多可以学习的东西。比如，比尔·盖茨会大骂做不好工作的员工，经常令那些不能领悟自己意图的员工自尊心扫地；戴尔公司创始人迈克·戴尔更是员工眼中的"恶人"，在 IT 业里，他的名字完全可以和"伏地魔"相提并论；世界上最大的数据库软件公司甲骨文的老板拉里·埃里森为了激励员工，会在员工的 T 恤上印上"杀死对手"的文字，人们对他的评价也是毁誉参半。

这些坏老板是坏老师吗？当然不是。相反，他们都是卓越的领导者和值得人们学习的好老师，更是人们愿意跟随的好老板。

"学什么"比"怎么学"更重要

如今的社会是一个知识快速更新、科技飞速发展的社会，很少有哪个人可以轻易获得自己想要的一切。对此我们心知肚明，认识也都很深刻。这就衍生出一个新的现象：社会人需要不停学习最新的技能，不断吸取当下最新的知识。只有这样，才能使自己跟上时代的步伐。如果你不学习，或轻视学习，你很快就会被后来者超越，成为被淘汰大军中的一员——不管之前你多么出色。

那么问题来了，我们一直在讨论的是"怎么学"的问题，在奋进的道路上我们可否先问问自己，我们坚持的路是我们最初想走的吗？我们给自己的定位是否准确？一直以来，定位都是非常关键的。它需要与自己的性格类型、兴趣爱好、价值观、自身需求及梦想相匹配。一个人还好说，总归是自己的事，如果是知名企业、公司的大老板呢？数百人的生计可能就在他们的一念之间，一旦走错了方向，整个团队的未来就堪忧了。

当年有一位知名的体育运动员开了一个以自己名字来命名的公司，专门卖一些体育用品。这个品牌在中国可以说是无人不知、无人不晓。他们最新的口号变成了"Make the Change"（让改变发生），Logo 也变成了全新的。当然，人们最熟知的还是"一切皆有可能"。据我们看到的资料记载，该品牌更换口号也不是一次两次了，他们每一次所宣扬的理念都不同。

以前，该品牌的主要购买者多是年轻学生；如今，30 岁到40 岁的人群依旧是该品牌的忠实支持者。但当没有新的一个消费群体来支撑公司的继续发展时，是不是该考虑重新给自己的品牌定位呢？

现实的问题是，如果这个品牌为了巩固自己的老消费群体，不去创新，而在新的消费观念和其他品牌的强烈冲击下，不少老的消费群体就可能也会转变观念，去购买其他品牌的产品。想要迎合新兴消费群体，该品牌自身首先需要转换观念，引进新的设计理念和新的技术。

他们应该怎么做呢？该品牌既要照顾到新的所谓"草根"消费群体，又要顾及支持了自己十几二十年的老客户们。这个年龄跨度就相当大了，两头都要顾及。搞不好老消费者不能接受新的设计理念，年轻的"草根"们又无法认同，弄得两头尴尬。由此看来，在消费群体这方面，该品牌的定位就出现了问题。

我再举一个国外的例子。耐克和阿迪达斯早已是目前大多数大中学生运动品牌的首选。它们对自己产品的定位是运动精神的灵魂，是最实在的也是最内核的东西，都避开了年龄段的制约因素，从一个新的高度重新诠释了体育运动的实质是什么，体育精神是什么。

啤酒一直是许多男性生活中必不可少的饮品，那么有没有一种啤酒是专为女性而做的呢？这个市场当初还是一片空白，能从这里看到商机的不多。能成功定位自己就是女性啤酒的领导者的更少，但能坚持下来的必定成功。Eve 便是这样。它成功了，成功的关键在于自身的品牌定位。偏向女性身材娇美的瓶形，诱人的口感和最吸引女性眼球的外包装，这一切让 Eve 成为女性啤酒的不二之选。

只有定位明确，我们的企业才能成功，我们的人生才能成功。

假如你想要学习烹调，你给自己的职业定位便可以是受人尊敬的五星级酒店厨师，抑或社区门口卖早点的师傅。

假如你想要学习唱歌，你给自己的职业定位便可以是风靡亚洲乃至世界的巨星，抑或酒吧里弹着吉他低声浅唱的云游歌者。

假如你想要学习写作，你给自己的职业定位便可以是下一个"马尔克斯"，抑或就职于某家杂志社的编辑。

我们能给自己一个正确的专业定位和学习定位，日后便会有准确的职业定位。这就是学什么的问题，这个问题解决了，下一步你就应该琢磨怎么学了。不管你将成为走上人生巅峰的 CEO，还是悠闲地过着自己的小日子的闲云野鹤，你都必须先把它提上议题，给出一个明确答案。

因此，无论是谁，都需要对自己有一个正确的定位。专业定位、职业定位、家庭定位、经济定位等，在一系列的正确定位后再付诸努力、实践，这样离成功便不远了。我发现周围很多人在学业上、事业上不顺利，认为是自己能力不够，努力不够，但还有可能是因为选择了并不适合自己的工作，因为不清楚自己要什么，所以达不到自己的目标，情绪低落。当我们定位准确时，就要持久地朝着自己的目标努力。从某种程度上来说，"学什么"比"怎么学"更重要。

前辈的大腿不好抱

说到学习，大多数人想到的依旧是学生板板直直地坐在教室里听讲台上的老师讲课，回到家坐在书房里闷头写作业。的确没有错，这就是学习，是受教育，但这是非常片面的理解。

我们放眼望去，学习无处不在。在大学校园里，学生不仅要学习自己的专业知识，还要去学习如何融入这个自己马上要进入的社会；在公司里、企业里，新来的员工需要向老员工学习，学习如何和上级打交道，如何和同事更好地合作来完成一项工作；公司的领导干部更需要学习，向那些已经名声在外的成功企业家学习，学习怎样才能将自己的公司做得更大、更强。

从这些不计其数的例子中我们就可以看到，小至意气风发的学生，大至老当益壮的董事长，都需要学习。而当你找对了路子后，如何学习才是关键：是一味地闭门造车，还是打开门来，循着前辈的足迹，聪明地去抱住前辈的"大腿"，在他们的带领下迅速地进步，缩短成功的时间？

很显然，有人帮助，事半功倍。那么前辈的"大腿"真的那么好抱吗？

我的一位客户 F 先生是一名摄影爱好者，他十分喜爱拍照片，每年花费大量的时间去各地拍照，也参加摄影大赛。他在苦苦支持了几年时间以后，也没有获得什么奖项，还花掉了不少金钱。最后他才明白，虽然可以通过自己的努力和重复的探索实践获得很多的拍摄技巧和经验，但是，如果没有一个前辈的帮助，还是非常遗憾的，可能无法真正成为一名专业的摄影师，而只能是一个业余爱好者。要实现突破，他必须得到一位优秀前辈的指点，并在前辈的引荐下把自己的作品放到高水平的平台让别人看到，才有机会一举成名。

再比如，一家企业中，一名新员工对于某项工作的了解不够深入，缺乏实战经验，若自己贸然上手，很可能马上就出差错。这就很麻烦了，弄不好他还会丢掉饭碗。此时他有两种选择。其一，得过且过，等时光的筛子将自己筛选出去，变成一个被社会或职场淘汰的人。这个选择当然是很糟糕的。其二，向这个行业里的佼佼者去学习，努力进取创新。他只要足够优秀，总会有出头之日。

那么问题来了，如何寻找老师，在茫茫人海中找到真正对自己有帮助的人呢？你可以借助互联网这个神奇的平台，它可以帮助你快速找到自己想要找的人。你需要有一双慧眼——你要从网络中找到相关的人，斟酌比对，找到"对的人"。之后，你可以探听有没有关于这个前辈的讲座和访谈等。

这些人一般会在节目里宣扬自己如何如何成功，要切记的是，你要从其中找到真正对自己有用的东西，辨别真假。当有了"秘籍"以后，你要做的不是立马照搬过来，着手去做，而是得将别人的东西吸纳消化成为适合自己的真正的"独门秘籍"，这个时候再着手去做会更加得心应手。当然，你还要有融会贯通、举一反三的能力。

其实，强大的人脉关系是尤为重要的，对年轻人来说，要早早地积累人脉，尽可能认识一些关键人物并通过他们学到更多的知识，提升自己的能力，进而认识更多的前辈。相信任何一个人都不会拒绝一个虚心求教的人。

当你对某个行业产生了很大的兴趣的时候，你也会有更大的动力继续向前。毕竟别人再怎么激励你，给你灌再多"心灵鸡汤"，最后该努力的还是你自己。当你从内心对这个行业或事业付出"真心"时，你就离成功不远了。

一个人想要成功，自己的努力固然重要，但是一个人再厉害，也不如有人给他指点迷津。日常生活中，你是否感觉很多事情都力不从心呢？当我们像无头苍蝇那样盲目地往上撞的时候，为何不认认真真请人帮你砸碎这堵屏障呢？当然了，怎么请就是你自己的事情了——你可以采取不同的策略。虽然说前辈一般都是高高在上的，不是什么人都能得到他们的帮助，但这样的机会我们还是要努力去争取。

寻找自身领域内的前辈

寻找自身领域内的前辈，是我们寻找老师的第一步，他们能给我们提供实质性的帮助。虽然有些人在不同的场合或书中告诉你："你可以从任何人的身上学到东西。"但是请注意，这句话并不适用于一些专业领域，比如在你的工作中，并不是每个人都能被你当作前辈或当作老师对待的。

你会向公司的一名行政人员学习如何进行市场策划吗？你会向本部门的一名新人学习怎样把业绩做得更好吗？显然不会。任何领域都有一定的门槛，要成为某一领域的老师就必须具备很多条件。比如，要有很长的工龄，丰富的经验或特殊的本领等。

假如你比较愚钝，并不知道这些前辈究竟是谁，我可以教你一个较为简便的方法——在你身处的行业中看看那些知名的公司，然后看看相关的位置上坐着的那些人——设计师、产品经理、市场总监、营销主管等，这些人一定是该领域内的前辈，他们是够资格当你的老师的。在你自己的公司里，那些职位在你之上的人也有能力充当你的老师，只要你做出恰当的举动来打动他们，也可以从他们那里学习自己需要的知识。

最后，你还可以看一些商业出版物——他们的记者、编辑会访问某一领域内最优秀的人。这是定期的工作，在这些出版物上面你定能发现令你感兴趣的人，并且读到让人恍然大悟的观点。当然，如果你能在现实中与他们建立联系就再好不过了，这意味着你有机会当面向他们请教，并和他们建立更深入的关系。

在多年的咨询与培训生涯中，我有一个很好的经验。如果我对一位客户的采访主题引发了他的兴趣，同时他的回答又与我产生了共鸣，那么我就会进行深入的挖掘，在有限的时间内去和他探讨更广泛的类似的话题。这种做法的积极结果就是，我由此结识了许多有见解的朋友，他们在一些领域内足以成为我的老师。

当你与前辈不期而遇时，如何迅速结合自己的兴趣，从他们那里获得知识？除了积极的态度和良好的方法，你还应该针对自己所处的行业列一个名人录。对这个名人录中的每一个人，你都要看看他们最擅长的东西是否正好是你感兴趣的。

你可以看看：在自己所处的领域内经常获奖的那些项目是什么？对于这些项目你是否感兴趣呢？如果感兴趣，就可以继续深入地了解这些项目，由此你会打开一个无穷的金矿，看到无数的优秀个人或者团队——他们就是你要找的老师。

假如你身处的平台较小，比如，待在一座偏远的城市，一家很小的公司，或者你本身的社交工具有限，难以辐射较大的范围，很难与行业内的高手面对面交流，这时应该怎么办呢？

这当然是一个很实际的问题，因为多数人都面临着这种情况。你的首选渠道应该就是互联网。你可以先在网络中搜寻有益的文章，或者寻找卓越人物的采访内容和专栏，关注一下他们的社交媒体，比如推特和博客等。

这样你就能够了解他们的想法，并且知道他们究竟在做些什么。你可以很轻松地了解他们的关注点，然后结合你自己的情况，找到自己真正需要的东西。

1. 通过互联网平台，让自己在互联网的大海中遨游，并且把它当作学习工具和学习平台。在互联网中，你可以找到任何你想学习的知识，发现无数可以成为你前辈、老师的人，这是一个值得我们终生运用的"资源库"。

2. 多关注前辈对于事物的看法，向前辈学习时最应该关注的就是他们与众不同的思考方式和不俗的见解。我们要找一找他们有什么你很认同的观点，特别是对工作的见解，这往往是你最需要的。

3. 要多了解他们是如何看待生活的。优秀的前辈对于生活也总是有着独特的看法和见解，从中你可以看到自己与他们的差距在哪儿，然后不断提升自己，努力追赶，缩小与他们的差距。

你要交的七种学费

第一种学费：时间——学到真正的知识需要你付出很长的时间

令我印象最深刻的"老师"是我在长江实业的第一位上司——销售部的经理李先生。他给了我极大的帮助，教会了我很多销售公关中的实战技能，并引导我走上了与之前截然不同的事业道路。你可能会问："他是在你工作三个月后告诉你这些的吗？"我的回答是："不，直到两年以后，我才充分地体会到他教给我的东西是多么宝贵。"

事实上，所有的知识、技能都不是由前辈亲口告诉你的，而是需要你在观察和学习的过程中亲身体验，在错误中总结，在跟随中模仿，并在模仿中创新，最后形成你自己的东西。这需要时间，而且会是一段相当漫长的时间。要领悟一位好老师教授给我们的知识，可能至少需要几年的时光。

第二种学费：意志力——耐心与坚韧的毅力是必不可少的

有个人遇到一位前辈，发现自己确实需要向前辈学习。于是他就打起精神，甚至还有些兴奋。起初，他觉得自己真是找对了榜样，这位前辈能够指引他走向成功，解开他的困惑，改变他的命运。大概只过了一个月，顶多三个月，他就感到烦了："为何我还没有取得重大的突破？为何我还没有升职？为何我还没有拿下一个业绩大红包？"又过了一个月，他就失去了热情，失望地转身离开，又变成了之前不思进取的状态。

对多数人而言，意志力总是一个巨大的难题。现实中的人们不缺少雄心壮志，也不乏宏伟蓝图，但往往没有坚韧的毅力。他们坚持不了多久，就会产生退意，重新退回到安逸的状态中去。再好的老师也无法改变他们的人生，哪怕产生一点点积极的影响都不可能。最后造成的结果就是——人们不断地遇到好老师，结识愿意帮助自己的前辈，但又不停地错过机会，浪费这种宝贵的关系。

当你踏上寻找之旅时，我必须问你一句："当你对一位好老师求之若渴时，你准备好了吗？你一定要做好坚持和忍耐的准备，并跟内心另一个懒惰、贪图安逸的自己做艰苦的斗争！"

第三种学费：金钱——准备必要的金钱支出

向别人学习，其实也是在和别人交往，在此过程中难免会有一些金钱的支出，这是很正常的。此外，你还要购买相关的书籍，这也是一笔必要的支出。

第四种学费：冷遇——你可能经常碰一鼻子灰

有时你会遇到性格古怪的老师或脾气暴躁的前辈，他们根本不理你，你很难敲开他们的房门，也很难从他们那里学到什么东西。有的老师干脆用"负面甚至恶毒"的评价打击你的自信，让你最后连开口求教的勇气都丧失殆尽。

这是我们必然遇到的情况——很少有人运气好到第一次就找到了愿意教授自己真东西的老师和前辈，总得经历一些挫折和反复，你要做好这方面的心理准备。在碰了一鼻子灰时怎么办呢？第一，不要垂头丧气，也不要失望地离开，坚持下去，因为你的坚持是他最想看到的。第二，适时地展示你的价值，让他看到你与其他人不一样的地方，也就是让他发现值得教你的原因。如果你做不到这两点，你就很难获得机会；如果你做到了，你就会锻炼得越来越强大。

第五种学费：方向错误——多数人都会付出的代价

找错了老师最致命的代价是什么？你会走错方向。这是显而易见的结果，比如，你在跟随一位前辈奋斗了五年后却突然发现自己根本不适合这个行业；你学习了三年的理发，最后却感觉自己更适合去做广告设计；你干了十年的销售始终没有取得什么成绩，突然有一天才意识到自己跟错了师傅。

这很要命, 不是吗? 多数人都会在自己一生的某个时候后悔当年的选择——由于找错了老师和榜样, 由于对某个人的崇拜而选择了对应的行业, 或者受启蒙老师的影响而去做了某件事, 走向了一个自己根本无法驾驭的领域。但是, 重要的是我们在发现方向错误后的态度——你是失望、消沉, 还是继续努力? 这是我们寻找与选择一位好老师时必须提前想到的问题。

想避免支付这样的学费吗? 一定要对自己有一个清醒的认识, 找到自己的兴趣所在, 这样才能减少走错方向的概率。

第六种学费: 自尊——有时需要忍受苛刻的刁难

在面对老师的苛刻眼光和标准时, 你会发现自己矮了一截, 而且自尊大受压制。有时这是一种刁难, 但更多的时候, 这更像是一种考验。如果你连这一关都过不了, 那么前辈可能觉得你根本没有可塑性, 未来承担大任的能力是很差的。因此, 你要做好牺牲自尊的准备, 至少在初期是这样。

第七种学费: 辨别力——考验你的判断能力

怎么分辨好老师和坏老师? 如何找到适合你的前辈并让他认可你? 显然这十分考验你的判断力, 也是你必须跨过的第一道关卡。就像前面所说, 我们为什么出现了方向错误? 正是由于缺乏分辨力, 从而选错了老师, 走错了方向。方向是大的战略, 而在具体的细节上, 我们也容易犯下错误。比如, 你可能认为一位和蔼可亲的老师是好的，但在几个月后才发现他根本不能给你什么东西，除了好脾气。

这种判断力来自我们对生活和工作的洞察，以及对人性的深刻认识。更重要的是，我们要对自己的需求做出一个全面而准确的判断："我到底需要什么？我想从老师那里得到什么？"这时你可能就会发现，原来自己喜欢好脾气的前辈只是在照顾自尊心，而不是在解决实际的需求。

第四篇

CHAPTER 04

合伙人篇

大多数输家都输在"合伙人"上面

"合伙人就像你人生中的枕边人,他(她)在很大程度上决定了你能否取得成功。"

"没错,选错了合伙人你就倒大霉了!"

刚刚辛苦地创立了自己的"甜点小屋"的"闺蜜式合伙人"琳达和刘心在与我们的顾问谈话时这样说。她们俩是大学时期的好朋友,两个人毕业后寻找不同的工作,各自碰了一鼻子的灰,出师不利,这才走到了一起。

琳达本是一个富人家庭的千金大小姐,她的家族世代经商,每个人都很有商业头脑,但因父亲的公司破产而不得不面对残酷的现实。而刘心则来自一个小县城的普通工薪家庭,从母亲那里继承了做蛋糕的手艺。这似乎是两种契合的特质,让她们有了搭伙的机会。两人开了一个简短的会议就一拍即合,共同筹集了20万元资金,创立了她们现在的事业——甜点小屋。

合伙人很大程度上决定着我们的事业能否成功

"起步当然是很艰难的,"琳达说,"虽然说一个人有手艺,另一个人懂经营,但仅靠这两样是远远不够的。刘心不得不辞去了两份兼职,为了改善蛋糕工艺;我每天穿着工装像男人一样四处找投资、做网站、找厉害的人帮忙。脸皮一定要厚,面子和自尊心解决不了问题。不过我们坚持下来了,不是因为赚了多少钱,而是我们找对了彼此,我们是最佳拍档。我们尝试着找过第三个合伙人,但遗憾的是,那个人来到以后无法适应困境,他除了指手画脚,什么都做不了,并且差点儿害我们坚持不下去。还好我们当时没有放弃,才有了现在的一点儿成绩。"

从琳达和刘心的成功可以看出,这是一对完美的合作伙伴,她们成功的原因之一就是彼此有默契,互相适合。找到对的合伙人,事业的成功就打下了坚固的基础,可以说已经成功了一半。好的合作伙伴首先要有共同的目标,能保持步调一致,愿意一起吃苦做事;其次要各有专长,彼此互补又分工明确,各自负责一个领域而不是互相插手干涉。

就像我的培训顾问采访到的琳达和刘心一样,她们两个一个负责技术,一个负责市场,组成了一对完美搭档,如此才能成功。否则,合伙人之间一旦出现了问题,哪怕是微小的裂痕,导致的结果都可能是致命的。

你寻找的是合伙人还是拆伙人

很多公司在创业初期都是"朋友公司"，像上文讲到的琳达和刘心一样，既是朋友又是同事，大家一拍即合凑在一起做一件事。这种模式的合伙人企业既有优势，也有明显的缺陷。优势是，大家知根知底，志趣相投，不容易在大问题上产生分歧；缺点是，当大家从朋友关系转变成合伙人的时候，就不再是纯粹的朋友，有利益夹杂其中，很多事情没办法从原则上讲清楚。

在电影《中国合伙人》中，佟大为饰演的王阳在最后领悟出了这样的道理：不要和最好的伙伴开公司。现实生活中的佟大为尤其同意这一点，因为他曾经跟朋友一起合伙做过生意，他们一起开餐厅，他出了钱，最后开餐厅的事儿黄了，而他的钱也没有拿回来。

就像电影中演的那样，当三个人的价值观和人生观都不一样时，即便最初的合作是甜蜜的，最后的决裂也一定会成为不可避免的结局。

共患难和同富贵

陈可辛导演了《中国合伙人》这部电影，在接受采访的时候，他曾经说过一句饶有意味的话："中国人只能共患难，不能共富贵。这不全是因为财富，是尊严、面子、贡献，是你的付出对方有没有认可。"

在陈可辛看来，这部影片中的"中国"二字带有一些反讽的意味，"很多事情，有了这两个字就能自圆其说了。"他觉得中国式的合伙，就是公私不分。他认为这是中国式合伙的弊病，很多人都是从朋友开始，一起患难，但到了同富贵的时候却常常分道扬镳。

对此，我曾经和很多洛杉矶地区的中国企业主探讨过，也请他们介绍过自己当年在寻找合伙人时的心态与目的。有家公司在唐人街经营厨具已有 20 年的历史了，从一家只有 3 个人的杂货铺发展到了今天 100 个人以上的规模。谈到合伙人，公司的创始人王先生很有感触地对我说："我刚到美国的前 5 年，换了至少七八个合伙人，为什么呢？说起来原因很让人感到不解，因为最困难的时候大家都很团结，能共患难，一起吃苦，不拿钱只付出，这都没问题，而且很快乐，但到了盈利的时候，问题就来了，为了钱的分配就产生了矛盾，这很令人遗憾。"

共患难好像很容易，因为有一个美妙的前景吸引着大家。但需要同富贵时，人性的差异和利益的分歧就会增大，这时便非常考验合伙人的内在品质是否契合，以及对于未来的判断和追求是否一致。

导演陈可辛早年也跟自己的朋友合伙创办过 UFO 电影公司，

那时候他的合伙人有三个——他管创作和内容，曾志伟负责思想指导，行政工作归钟珍管。再后来，他的团队中又加入了导演李志毅、张之亮以及编剧阮世生。他们的团队壮大了，按理说公司会越发展越好，向更高的层次迈进。但是结果并非如此，几年以后，这个团队就散伙了。

在散伙的那一天，陈可辛问过自己很多问题："我做错什么了吗，才导致了这种情况？我们之间到底发生了什么呢？"起初，他百思不得其解，在见识了其他团队的类似结局后，才终于悟出了合伙人的道理。

对创业者来说，造成这种局面的原因是什么？就是在创业成功后，他们的"身价"已今非昔比，追求也开始变得不同。当然，在分歧产生的最初，大家不敢"碰撞"，不批评对方也不提出意见，表面和平，内里却越来越远。到最后，也就只能以散伙告终了。

人们愿意在最困难的时候互相扶持，却无法在成功之时分割成就。因此，到最后大多数的合伙人都遗憾地分开了。

我们如何避免这种悲剧的发生呢？

1. 寻找可以共患难的人

对一起打拼事业的人来说，共患难是最起码的基础。连困难都不能共同扛起来，见到难题就躲，只想最后分成果，这样的人我们是要远离的。在多年的培训中我也一直对企业家学员强调患难意识，就是希望每一名与别人共同创业或管理一家企业的人，可以做到在危难之际不离不弃。

2. 同富贵需要利益一致

同富贵很难，但并非做不到。最关键的一点就是你们必须把利益分割好，且在共同利益方面取得高度的一致。你们要开诚布公，有话早说，尽可能将利益分配问题放在桌面上进行讨论，而不是暗中较劲。后者最容易让你们的事业分崩离析，也让你们的友情丧失殆尽。

3. 提前规划并且商讨

就事业发展的蓝图进行全面的规划，你们都要参与进来，让发展事业成为你们共同的事，而不是一个人主导另一个人配合。扮演配合角色的人早晚会离心，他会觉得这不是他的事业。切忌让你的合伙人成为配角，一定要让他成为主角之一。你们要多进行商讨，采取一种平等和互让的态度，这样你们的合作就会越来越好。

4. 性格的磨合很重要

首先你要寻找与你性格相符的人，志趣相投的人在共同做事时最容易产生良好的效果。如果你们的性格不合，则需要想办法进行磨合。你要知道，性格是最易被忽视而作用又非常巨大的因素——对合伙人而言，它可能是双方事业的隐性杀手，平时不见踪影，一旦出现双方不合的情况，就可能产生严重的后果。

才能、人品和价值观

　　找到人品、才能都一流的合伙人是塑造一个卓越企业的关键。从某种意义上讲，当我们需要招聘优秀的下属时，这句话也是成立的。优秀的人才也是你在创业过程中的重要人脉，他们有时比与你平起平坐的合伙人还要重要，因为他们的表现决定了你的事业走向。

　　宝洁公司前董事长理查德·杜普利曾说过这样一句话："如果你把我们的资金、厂房和品牌留下，把我们的人带走，我们的公司就会垮掉。"他讲出了一个企业人脉的真相：优秀的人才才是企业生存的命脉，其他的都是次要因素。你只要拥有了一个优质的团队，把他们掌握在你的手中，你的事业将永不凋谢。

才能是基础，人品是翅膀

　　有才能的合伙人对于任何一家初创公司来说，都是发展的基础。现代公司的拼争，拼的是人，是有才能的人。然而，对于什么人是有才能的人，人们也往往莫衷一是。有的老板说，能力是成为人才的唯一要素。他们觉得，只要对方有能力，能在自己专业范围内有所成就，给自己提供帮助，那必然会给公司创收，让公司获得成功。这种看法显然有问题，这样的公司很可能因为老板的这种错误的想法陷入泥潭，老板的事业也很可能遇到重大的危机。

下面我们来看一个故事。

由于鸡笼不牢固，圈养的鸡总是丢失，这是令森林之王老虎最伤脑筋的事情。于是，它请聪明的狐狸来建造一个全世界最坚固的鸡笼。狐狸非常愉快地接下这个任务，并且没有辜负老虎的良苦用心，终于建立起了一个既坚固又美观大方的鸡笼。有了这个鸡笼，再也没有动物可以偷走一只鸡了。

然而，令老虎纳闷的是，为什么鸡还在不停地减少呢？也许老虎一辈子也不会弄清楚，因为它不会想到，鸡笼确实是非常牢固的，然而狐狸却在建造鸡笼的时候，在一个不为人知的地方留下一条密道。有能力的狐狸很聪明，把老虎玩弄于股掌之间。

由此，我们应该懂得，有高尚的品德却没有才华的人是平庸的，然而才能出众却没有道德的人却是极为危险的。你想让事业站稳脚跟，就一定要招募德才兼备的人，让他们加入你的团队中，成为你得力的帮手。

价值观特别重要

有人曾说过，当你无意间犯了错误，却很诚实地承认了错误，企业会原谅你，当成是一次教训。但是如果你违背了企业的价值规范，那么企业是不会原谅你的。

价值观对任何人来说都相当重要。一个人的价值观是否正确决定了他能否拥有良好的品格。假如一个人的价值观与公司规范的价值观差距较大，和你的价值观也不相符，甚至有很大的冲突，那么他作为你的合伙人，是很难融入你的公司的整体氛围当中的。因此，我们在寻找合伙人或者选拔重要的骨干人才时，应当了解对方的价值取向，这样才能找到对你和公司真正有用的人才。

通用电气公司的选拔制度就是比较完善的，他们选拔员工除了注重对方的才能，更加重视对方的价值观念。比如，在对员工的考评制度中，有一项极具特点——"360度评价"。这一原则保证了他们可以全方位地考察一个人是否适合通用公司，是否可以委以重任。

韦尔奇讲过："不管一个人的工作成绩如何优秀，倘若他与企业的价值取向不同，企业也是不会要这种员工的。"是的，通用电气公司的管理阶层都认为，公司的每一名员工都必须接受公司上下以及客户的全方位评价。这种评价一共分为几个阶段，每个阶段的评价小组都由十多个人组成。日常工作中，员工的行为是否符合公司的价值规范，便是评价的标准。

此外，通用电气公司还将这种制度用到了选拔公司的内部管理层的工作当中，也就是用在了寻找优质"合伙人"的过程中，以便为公司找到更好的管理者。通用电气公司一般都是从公司的外部选拔管理阶层的人员，这样便让更多的优秀人才进入，为通用电气公司效力。可以说，这一点是通用电气公司的独有优势。

通用电气公司在选拔人才时的主要标准并不仅仅是个人的能力，还有个人的价值取向和道德观念。不管是对普通职员、管理层还是合伙人，都是如此。

为什么要选用价值观一致的人？这是为了建立起一个共同的目标。倘若合伙人的价值取向有问题，那么他便会觉得公司的业务是不值得的，这样他就很难把工作做好。

有一家服务型的公司有很多分公司，例如家政公司、专门负责帮助农作物灭虫的公司、养护树木的公司等。他们的公司以给人们提供最好的服务为目标，这就是一种价值观的体现。

有一次，公司的管理人员开会，董事长播放了一段有关求职人员的视频，视频中有一个女人，她对面试官说："虽然我是一个女的，但是我很喜欢为别人提供服务，因此我想在你们公司谋求一个职位。"这个女人的语气十分诚恳，于是公司的招聘经理就决定录取她。

视频中还有一个男人，他是这样说的："我很希望能够成为你们公司的一员，但是我对于服务类业务并不感兴趣，如果可以的话，我可以做管理类的工作。"董事长对开会的人员说道："这个人并不适合我们公司，我们公司的主要业务就是服务，而他对于服务并不感兴趣，这与我们公司的价值取向是不一样的。"

换句话说，如果一个人到你的公司只想做管理工作，不想为客户提供服务，这就表明他是一个不能共患难的人，也就坚决不可与他合作，必须将他拒之门外。

最后，这位董事长还指出："我们公司的价值取向并不是每一个人都肯接受的，那些与我们价值取向不一样的人，我们公司并不适合他们，所以想成为我们公司的一员，价值观要与我们一样这一点是毋庸置疑的。"

价值观十分重要，人的言行会受到它的影响。所以，当你在寻找合伙人时，在考察他的能力以外，还应当考核一下对方的价值观是否与你相同，以及是否与你公司的价值观契合。对于一家企业来说，员工的价值观如果与公司的价值观背道而驰，那么这家公司是很难具备凝聚力的，也将难以发展壮大。

无与伦比的热情

有一位知名的企业家曾经说过："一个人只有对自己的职业充满了热情，才有可能做出一番成就。"确实，若是想取得成功，只有对事业充满热情才可以。我们要寻找的，当然也是具有这种热情的人。

曾经有管理学家对国外知名企业的总裁进行过探访，最后发现，这些总裁之所以会成功，并不是因为他们有多么高的学历，他们中有一半的人在上学期间学习成绩并不是很好，并且还有一半的人甚至都没有上完大学——他们的成功来自他们对自己的事业有着无比的热情。

事实表明，对于事业的热情、激情是一个人能够立足和发展的重要原因。只要对事业有一腔热血，再普通不过的人也会因此而闪闪发光。一个企业的高层管理者，只有具备对事业无比的热忱，才能领导一个企业走向成功。

对事业的满腔热忱总是潜藏着巨大的力量，但是许多的企业管理者和创业者并不把这当一回事，他们在寻找和招聘管理者、合伙人时总是忽视这一点，以为只要能力足够就可以了，结果在实际工作中才发现根本不是那么一回事，付出了不少的代价。有一位社会学家说过，当下社会中有些人把物质看得过于重要，感情也越来越淡薄，对于任何事物都不再有追求的热情。这种人在事业上是不会有什么成就的。

如果聘到了得力的工作助手，我们就能够收获双倍的成果；如果聘到了对工作满怀热情的合伙人或管理者，我们收获的则是数倍的成果。

对工作的热情能让一个人最大化地发挥他的全部本领。西点军校的戴维·格立森将军说过，一个人要想获得成功，就必须拥有追求理想的热情，只有这样，他才能最大程度地发挥自己的才能。

杰克·韦尔奇认为，对工作的热情还能体现出一名员工对工作的价值。著名管理学家亨利也说："工作对于我们来说是十分有趣的事情，它让我们获得了许多意义。作为员工，若是想符合公司的要求，便应当懂得在工作中学会怎样处理好自己的人际关系。"爱迪生这一辈子都在研究发明，可他却说："我这辈子从来都没有工作过。"他认为自己还可以做得更好。这些都展现了一种对于工作的满腔热情。

那么，对工作的热情到底是什么？它主要表现在当你遇上自己感兴趣的工作时，会高度集中精神和精力，全身心地投入其中。比如，当你带领的团队遇上一些挑战时，你会变得兴奋起来，就好像碰到了自己喜欢的事情一样，有一种战胜它的冲动和激情。

1. 工作热情就是我们对于事业发展的一种使命感

企业的高层管理者决定着整个企业未来的命运，也决定着普通职员的职业前景。曾经有一个知名的企业家说过，作为企业的管理高层，一定要知道自己肩扛的重任，并且要有强烈的使命感，自己不光要这样，还要影响员工，让他们也对工作充满热情。这就是对我们的合伙人的要求。

有一次，松下幸之助去探访一名商人。在他们两个人的交谈中，松下了解到这名商人最近的生意很差，没有什么盈利。松下十分同情他，就为他出主意，对他说："你经营这家店也几十年了，店里也有数十名工作人员，现在赶上金融危机，生意不景气也是自然的。但是，到现在为止，你失眠了吗？经营一家店是十分辛苦的，当生意不景气时，你就必须竭尽全力制订对策，这样你才能找到克服困难的方法，为此，可能会连续好几天都难以入睡。"

那位商人听了以后，摇了摇头，说道："我还没有失眠过。"

"倘若你的事业还没有陷入困境，你当然不会失眠。但是现在遇到了困难，店的未来发展全部掌握在你手中，几十名店员的生活来源也都指望着你，而你还没费心到失眠，却有心思来和我诉苦，我觉得你还没用尽全力。如果你能够思考对策到失眠的话，你一定可以渡过难关。"

2. 对工作的热情代表了一个人的责任心

一个对自己的事业充满了热情的人，必定对你们共同的价值观十分珍视，也会毫不保留地付出自己的心血。只有充满了热情，才能对工作认真负责。没有热情的态度，哪怕你给他再重要的职位，他也不会拿出多少成绩。

我们找合伙人是为了什么？为了充分利用好人脉关系，为了把事业做大，取得成功。热情是非常宝贵的，也是我们判断一个人是否有资格成为合伙人的重要因素。当一个人来到你的团队后，就意味着他要承担一定的责任，职位越高，责任也就越大，没有足够的热情怎么可以呢？

在具体的工作上，处理每一件事都是在履行自己的责任，事情做得好便是很好地履行了自己的责任；做得不好，出现了意外状况，可以得到谅解，但是一定要承担相应责任，吸取教训，不让类似的事情再次发生。这个要求对每个人都是一样的，对重要职位的人来说当然更是如此。

有了这种热情才会有这种责任心和担责意识。对于高层管理人士来说，敢于承担责任是一个必备的条件。一个管理者只有对事业负责，下属才会敬爱他，愿意将他树立为自己的榜样。如果企业中的高层管理者总是带头推卸原本自己应当承担的责任，就不是好的管理人员，恐怕也不会有人愿意跟着这样的上司。所以，千万不要让与自己合伙做事的人有这样的不负责任的态度。

3. 对工作热情与否，决定了一个人有没有献身意识

我们倘若对事业充满了热情，便会自然而然地全身心投入工作，拥有忘我的献身意识。对事业刚起步的人而言，我们要找的搭档必须有献身精神，有共患难的意识，否则合作就很难持久。

比如比尔·盖茨，他在创业初期，无论什么样的事情都亲力亲为。那些事情十分枯燥乏味，他却凭借自己对事业的满腔热情，全身心地投入到工作当中。他特别能吃苦，与他一样大的人都在享受生活乐趣时，他却对自己的事业充满一腔热血，能够不眠不休地连续工作。他自己也曾说过，如果他对事业没有热情和激情的话，他是不会有今天的成就的。

不管对谁来说，盖茨这样的高管都是非常优秀的合伙人，没有人不想跟他一起共事，也没有人会拒绝他的邀请。反过来，这就要求我们也必须具备满腔热情，愿意为了一项事业奉献自己的全部，这样才能打动那些优秀的人才，他们若能来帮助你，你们的事业一定能做好！

为自己寻找敬业的合伙人

　　敬业是一种优秀的个人品质。想方设法把工作做好，对工作充满干劲与激情，这就是敬业的表现。敬业是挑选合伙人的重要标准，也是将事业做好的保障。不管什么时候物色生意的合作者，寻找股东或管理人员，我们都要把敬业作为考量因素之一。

　　一个敬业的合伙人，能够在整体与细节之间转换，既可以在宏观角度帮助你制订企业的发展战略，也可以在微观层面解决复杂实际的问题。他会着眼于小处，做很长远的打算。他拥有热情，全身心地投入到工作中，自然十分高效。

　　美国的《经营管理》是一本管理方面的杂志，有一次杂志社想用一个有名的企业家的照片来做杂志封面，就让一个摄影师去联系这个企业家拍照。这名企业家到达拍照地点时发现，那个摄影师早就到了，而且还提前安排好了拍摄要用的场景、道具等，可以说是万事俱备，只等他来。

　　这位企业家十分震惊，只不过是拍一张照片，拍摄的时间连一个钟头都不到，为什么摄影师会耗费如此多的心思来准备呢？让他更加惊讶的还在后面——就在这不到一个钟头的拍摄中，摄影师竟然拍摄出了 130 多张照片，而且还可以兼顾到场景色彩的变换，同时还能安排企业家摆出各种姿势。短短的合作过程中，快门的闪烁令人眼花缭乱，效果之好也令人吃惊。最后，企业家完全折服于这位敬业的摄影师了。

拍摄工作结束以后，企业家就和摄影师聊起来。这时他才知道，这位摄影师其实并不是这家杂志社的专职员工，而是受委托拍摄杂志社所需要的照片。换句话说，他是一位兼职人员，就像杂志社的合作方，负责不同的流程与环节。他曾在中东战场上进行拍摄，有一次有一颗炸弹飞到了他的身旁，就在爆炸的一瞬间，他抱着摄影机滚进了战壕之中，十分惊险，但他抓住这一刻拍下了一张炸弹爆炸的宝贵照片。

这位企业家听完，十分感慨地说："这样的人才是真正的高手，只有像你这么热爱自己职业的人，才能有所成就，我应该向你学习！同时，我也需要你这样的合作者！"

这种做起事情来就忘我投入的热情，正是每个公司都需要的，也是我们的合伙人应该具备的。

敬业精神需要长久地维持下去，不能三分钟热度。我们要想方设法地制订合适的激励制度，让合伙人对你的事业感兴趣，让员工对这个团队有融入感，产生强大的主人公精神，这样就能让敬业转化为持久的激情。

寻找好的合伙人的困难不亚于择偶，在选择合伙人的时候一定要慎重。很多人在需要帮助的时候会凑合着选择一个合伙人——比如看到了对方的资金或人脉，而忽视了考察对方的人品或其他重要因素——纵使他们知道那个人并不能令自己满意。但是，这样做并不能从根本上解决问题，这种未经仔细考量、筛选而找到的合伙人，可能就是你埋在自己身边的一颗炸弹。

在今天，做一番事业通常都需要合伙人，这就相当于组建一支团队，这个团队应该是健康的。有团队就要有合作和分工，有管理也要有执行。成功创业的初期，团队里每个成员都必须各有所长，每个人都必须是不可或缺的人物。这样不仅能提出更多的良好建议，也可以增强整支创业团队的力量。如果你一开始"勉强"选择了合伙人，后期却发现他在团队中并没有起到多少作用，这时候想要将其踢出团队往往是很麻烦的，搞不好还会落得一个"过河拆桥"的骂名。

我们完成的一份调查显示，传统的企业家通常是单枪匹马打天下的，一个人白手起家；而在 21 世纪，新兴起的第三代企业家，却更喜欢"抱团创业"，他们不再信奉"一人闯天下"的神话，而是选择寻找合适的合伙人共同创业，这就导致了现在超过 90% 的创业型企业都有一个三人以上的创始团队。

合伙创业的模式优点很多，从一开始若能分工明确、优势互补、专业区分，发展的过程就会更加顺利，队伍壮大的时间也会大大缩短。当企业发展到一定阶段，在传统的家族企业开始显现出弊病的时候，这种"抱团创业"的合伙人企业却能够回避这个过程，能更快地吸引风险投资，从而优化企业制度策略，尽快地走上正轨。

美国著名的科技博客网站曾经发表过一篇对我的咨询机构的顾问罗斯的专访文章（罗斯在为我工作之前，曾经与自己的同学共同创建了一家广告公司并取得了成功，随后他主动退出该公司，专心从事自己最喜欢的培训和咨询工作），记者在采访中提了关于募集资金的问题，希望他能给创业中的人一些建议。

在这个专访中，罗斯说："我们不能操之过急。如果你是在经营一个受欢迎的有趣的产品，那么你就能够按照自己的诉求来寻求合作。选择一个支持你的合作伙伴很重要，因此千万不要怕花时间。"

尽管每个创业团队需要的合作伙伴不尽相同，大家的侧重点也各有区别，但无论何种性质的企业，选择合适的合作伙伴都是很重要的，万万不能不加选择。

优先在熟人的圈子里寻找合伙人

寻找合适的合作伙伴并不是大海捞针，合适的合伙人没那么难找，他们不可能远在天边，也许他们就在我们身旁。因为在第一次创业时，出于谨慎的考虑，我们不可能从不认识的人中选择合伙人，这首先涉及信任问题。所以，初期创业的时候，合作伙伴最好是你的熟人，你的配偶、亲戚、朋友、同事等都可以。

那么，怎样找到合适的合作伙伴呢？

第一，在寻找合作伙伴时一定不能盲目，你心中要有一个标准，也要对创业的目标有一个规划。当你寻找合作伙伴的时候，不能空口白牙说一堆漂亮的大话，要拿出切实的计划书说服有意向的伙伴，这是一个基本前提。

第二，你要让合作伙伴了解自己将要负责的领域，双方未来的分工，谁都有什么职责也要明确，不能模棱两可。

第三，要明确投资比例、利润分成、股份持有等问题，这也是避免将来就利益分配产生矛盾的一个重要的保障。

第四，为将来可能发生的"退出"合作问题设定好退出机制。这是一个很现实的问题，大多数创业者一开始不好意思谈论甚至故意回避这个问题，但当冲突出现的时候，却往往因为这个问题而撕破脸。这就需要你事先摸索出一套危机处理机制，就是当矛盾发生时应该怎么办，要做最坏的预期，当然也要做最好的打算。

1. 如果不能避免和你的朋友合作，你要做好最坏的打算

不是所有人都有好运气可以得到某个"贵人"的资助，绝大多数的小型创业团队在寻找合作伙伴的时候都是从与自己有亲密关系的熟人开始的。既然不可避免地涉及感情问题，我们就不如做好危机处理，从一开始就做好"善后事宜"，先小人后君子。

创业的愿望是美好的，我们对合伙人的期待也是美好的，没有人愿意一开始就想到对簿公堂的那一天。但是合作一旦开始，摩擦和矛盾是不可避免的。作为创业者，你要想到这一天，所以应当与合作伙伴签订一份合同，合同中要写得明明白白——假如发生了某类问题，双方应各自负什么责任。所有涉及利益的方

面，事无巨细地都要写进合作协议中，这就是未来合作的一份保障，也是一种强大的与合法的约束力。

2. 建立恰当的监督机制并且坚定地执行

我们喜欢把丑话说在前面，防止将来发生事情的时候产生矛盾。中国人和美国人都是如此，先互交负面清单，再进行良好合作，制订书面协议。但这种君子协定有时只对君子起作用，对于小人是没用的。应该怎么办呢？如何保证双方在合作的过程中都会履约，而不是口是心非、明里一套背地一套呢？

很多人都在咨询时告诉我，他们发现，一些事情当时说得好好的，但后来反悔的人却不在少数。比如明明达成共识的计划，到第二天开会时合伙人却反悔了，突然变卦，让自己很被动。

那么，我们应该怎么"对付"这种反悔呢？那就是要建立一套合作过程监督机制。很多成熟的公司都已经采取了这样的措施——在合作的过程中立下一种规矩，凡是参与合作的人，都要白纸黑字地签下认同书，而且每次会议都要记录在案，随时防备有人将来反悔。

3. 公平公正的原则是必须遵守的

既然要与他人合作，就要讲求公平公正。当你在分配利益和权利的时候，首先要换位思考一下，我给对方的条件他能接受吗？如果是我，我可以接受吗？站在对方的角度考虑问题，是一种难得的美德。这时你就会明白，如果你给予的利益让对方极不满意，可能在接下来的合作中就不会那么顺利了。

4. 对于细节千万不要过分计较

年轻的创业者温先生对我讲述了他经历的一件事情:"我本身是不抽烟的,但我的合作伙伴却是一个大烟鬼,而且喜欢抽好烟。最要命的是,他所有的烟钱都要求公司给他报销,我们俩因为这事儿大吵了一架。他怪我是小气鬼,他觉得自己为公司出钱出力,我却连盒烟钱都舍不得出。而我则认为这有失公平,因为我不抽烟,为他付烟钱我岂不是吃了亏?后来他跟我赌气,故意让公司失掉了一个大单。他的能力是不可否认的,我承认自己无法承受失去这样一位合作伙伴,所以我妥协了,为了点儿烟钱斤斤计较却失去几十万元的利润,我一定是个大傻瓜。为此,我还'大出血'买了两瓶好酒,我的合作伙伴用这两瓶好酒换回了他故意丢掉的那一大单。"

温先生的错误就在于失去了大局意识,在细节上过于苛刻。每个人都有自己的特殊嗜好,只要他的嗜好不违反法律,也不会对公司造成什么损失,为什么不给予尊重呢?在小地方太计较的话,有可能会在大地方遭受更大的损失。

所以,我们对待自己的合作伙伴一定要大方一点儿,不能总想着任何事都要公平,因为这世上没有绝对的公平,成功者大多懂得妥协的艺术。让对方占一点儿便宜,看上去你吃了亏,其实从长远来看,你赢得的反而会更多。

5. 对制度及时进行更新,让契约始终紧跟形势

合伙发展事业会经常出现新问题、新矛盾,这都是正常的。只

要事业不停地发展，就会有新的问题出现，除非你们的事业停滞不前了。重要的是，当出现问题时一定要及时纠正，不能过后处理。

因此，公司的规矩就不能一成不变，你要根据情况的变化而不断修订。这是一个查漏补缺的过程，在做这件事的时候一定不能嫌麻烦，很多时候，你的懒惰可能就会为未来埋下隐患。新的规矩不论对自己还是对他人，都必须是一种约束和限制，当处理问题的时候你就会发现，有了这个"证据"是多么省心了。

6. 对不同意见进行妥善处理

在合作伙伴之间，不可能永远保持意见一致，争论始终都有，争议永远存在。我们如何对待这种情况？当不同的意见出现的时候，如何实现良好的合作？

在我看来，两名合伙人可以协商解决，互相说服；如果是三名以上的合伙人，投票是一种比较理性的选择；如果投票也解决不了问题，那么就必须实行控股制，由控股最多的一方进行最后拍板。这种时候，最怕的是不断扯皮，形成拉锯战，结果什么问题都解决不了，还伤了彼此的和气。

与其"杀"个你死我活，不如双方紧密合作

在几千年的历史洪流中，犹太人有着"世界第一商人"的美

誉，他们丰富的经验对我们来说相当值得借鉴。其中最值得学习的，就是他们的合作精神——在寻找合伙人方面，他们是当之无愧的老师。

向犹太人学习合作精神

在犹太人的历史中，他们曾被人们称为异教徒、另类，在第二次世界大战中整个种族差点儿被灭，但是犹太民族是一个相当团结的民族，他们凭借团体精神，一次又一次地逃过了劫难，最终赚得了巨额的财富，并成功地在世界上立足，还成了传说中的"控制美国政治及金融秩序的犹太财团"。对于他们来说，团结精神是他们取得这一切的基础。

闻名于世的维克多·弗兰克、阿尔伯特·爱因斯坦、尼尔斯·亨利克·玻尔、海因里希·鲁道夫·赫兹就出身于犹太人家庭，他们推动了整个人类的科学进步。利奥·西拉德、爱因斯坦、罗伯特·奥本海默、爱德华·泰勒之间有着深厚的友谊，他们四人一起努力钻研，为原子弹和氢弹的制造做出了巨大的贡献。戴维·萨尔诺夫、本杰明·格雷厄姆等也都是关系亲密的朋友及生意伙伴，他们共同创造出了巨额财富。美国好莱坞最大的几家电影公司也都是属于犹太人的，在今天，他们几乎已经垄断了整个好莱坞。

犹太人觉得金钱与智慧是可以共同存在、互相结合的。个体的智慧往往十分有限，将众人的智慧结合起来所产生的力量是巨大的。陷入困境时，犹太人很少会独立去解决问题，他们往往会团结起来共同面对，这几乎已经成了犹太人的一大特点。

"团队合作"是很重要的，有了团队合作，朋友与同事才能共同做出一番事业。

团结合作也是我国温州人的特色，相互协作、共同创造是他们最大的优点。温州人在经商时与犹太人十分相像，团结一致、互相协商，出现问题就共同解决的做事方式，让温州人获得了巨大的利益。同时，他们在事业起步时就可以找到很合适的合伙人，并且进行团队打拼。在国外，温州商人的经营领域也不断扩大，先后形成了华人服装街、华人电脑街、华商新城等，这些商业街在温州商人的共同努力下得到了巨大发展。

在合作中互相弥补，在合作中借势而行

在这个世界上，拥有巨额财产的犹太人简直不胜枚举。声名显赫的船王丹尼尔·洛维格就是他们中的代表人物，他拥有世界上最大的六艘游轮，他名下大大小小的船只合起来在五百万吨位左右，他的经营范围还涉及酒店业、房地产投资业等。

洛维格在成功的经商过程中颇有一些情趣。最开始，他手头的资金严重不足，只有一艘老油轮。他并没有丧气，依靠自己灵活的头脑，通过抵押贷款最终发展出了世界第一船队。这全靠他

懂得与别人合作，借用别人的资金来发展自己的事业。

他不断在各个银行之间奔走，努力说服那些银行家们贷款给他，可是，无论他怎么解释自己有能力去偿还贷款及利息，那些银行家们见他一无所有，都拒绝了他。

洛维格并没有在银行家那里借到资金。既然在银行那边贷不到款，那是否有其他的方法呢？终于，他想到了一个计策。他将自己那艘老旧的油轮请人修理好，并且重刷了一遍油漆。他把这条油轮廉价租给了一家石油公司。然后他带着石油公司的租约去银行再次申请贷款，他告诉银行，如果银行可以贷款给他，他那艘被石油公司租下的油轮租金可以用来抵贷款本息。他很明白地知道，那艘油轮所得的租金，每月刚好能够偿还那笔贷款。

这次，银行方面终于同意了洛维格的贷款要求。事实上，对于银行来说，他们看中的并不是洛维格的资产信用，他们看中的是那家石油公司的名声以及收入。他们觉得除非洛维格出了意外，或是油轮出了故障，再或者是那家石油公司破产，不然的话，这笔贷款一定会分文不差地收回。

由此我们可以看出，洛维格是一个懂得利用其他人的物质条件发展自己事业的人。洛维格从银行搞到第一笔钱，然后投资了一艘货船，他把这艘船改造成了一艘航载量大、运输力强大的油轮。他依葫芦画瓢，把这艘船租给了石油企业，并收取租金，又转用租金做抵押，向银行再次贷款，又买货船……就这样慢慢积累，集腋成裘，他手中的船只日益增多，出租的船只也日益增加，他用出租油轮而获得的租金将贷款还清，这些油轮就正当地归于了他的名下。

洛维格的事业蒸蒸日上，随着其名下油轮的增多，他所获得的租金也越来越多。他一边积攒资本一边扩大自己的经营范围，先前拒绝过他的许多银行也都纷纷愿意与他合作。

合作的最高境界是拥有第三方合伙人

犹太商人善于借助周围的条件来经营自己的事业，被人们称为"石油大王"的洛克菲勒就是这样的一个犹太人。

事业初期，洛克菲勒尽管梦想着垄断石油业的炼油和销售，但是当时的资本却相当有限。

当时的他根本不能与其他石油公司相匹敌，他的同伙向他提出建议："那些石油公司在使用铁路这一方面很不稳定，需要就用，不需要就不用。如果我们可以与铁路公司签下合同，订下每日运油的量，我们一定会得到他们的优惠，这些优惠只有双方知道，其他公司便没有办法在运输当中获得利益，这样我们很快就能操控整个石油产业。"

于是，洛克菲勒便与铁路霸主之一的范德比尔特进行合作，对方是个十分贪婪的家伙。最终洛克菲勒与他达成协议：洛克菲勒必须每天定用六十辆车，在这样的基础上，每桶让利七分。由于运费的降低，他们的石油价格也可以下调，因此销售量骤然大增。这对后来洛克菲勒成为石油大王起了决定性作用。

由此可知，洛克菲勒是一个相当理智的人，他明白自己的弱小，商业界从来都是强者为王、败者为寇，倘若直接与其他大型石油公司进行竞争，早晚会被这些公司吞噬，于是他不与这些大型公司进行正面交锋，而是通过拉第三方合伙人在运输上胜过他人，然后逐步瓦解其他同行的势力，实现了他垄断石油业的愿望。

优质合伙人的五个标准

什么才是优质的合伙人呢？百度公司的创始人李彦宏与徐勇的故事可以作为一个非常典型的案例，供我们进行参考。1998年，徐勇作为《走进硅谷》这部大型专题纪录片的制作人之一，以其客观全面的角度，将硅谷的发展过程尽数展现在了观众眼前，深度探求了种种令硅谷成功的因素。

由于他的成功介绍，很多来自中国大陆的官员都多次在硅谷邀请他来介绍一些有关硅谷的创业文化和有关投资风险的机制。与硅谷有关的很多商业团体，也都和他保持着比较密切的关系，时不时会邀请他为当地的高科技公司提供一些商业咨询。

　　徐勇对互联网特别感兴趣，对于硅谷的相关机制也很感兴趣，虽然他是一个生物学的博士后。《硅谷商战》是李彦宏在1999年出版的一本书，徐勇就在每次拜访李彦宏的时候，和他聊有关互联网和硅谷的话题。李彦宏也曾扮成记者去参与徐勇组织拍摄的纪录片，也看到了他对杨致远的采访。李彦宏认为，这部纪录片体现了徐勇不同寻常的能量与活力。

　　《走进硅谷》的首映式是1999年11月在斯坦福大学举行的。李彦宏抓住一个机会，找到了徐勇，告诉他："请明天来我家，我和你谈点事儿。"在徐勇第二天按照约定来到时，他发现李彦宏最先开始的一步竟然是请他把保密协议签了！此刻的他就已经不是一个普通的"技术专家"那么简单了，我们可以感觉得到李彦宏的深谋远虑，居然在和一个非常熟悉的好朋友谈话之前都要签署保密协议。相信徐勇在离开百度时，一定会想起当年的这一幕。

　　在谈话中，李彦宏给徐勇列出了两个选择：第一，由徐勇帮他找钱，他给徐勇百分之一的提成；第二，两人一起创业，按照李彦宏三和徐勇一的比例来分配股份。徐勇想了想，就在两者之间选择了后者。

　　据说，那时李彦宏和徐勇一直从中午聊到第二天的凌晨。他们聊了哪些内容，我们可能永远无法得知，除非他们主动透露出来。不过，至少这两个人选择了回中国进行创业，开创了一番属于中国互联网企业的新天地。即使后来徐勇在百度上市的前一天晚上，选择离开了这家伟大的公司，他在财富方面仍然是相当成功的——在淡出百度多年以后，他仍然是排在中国 IT 富豪榜前列的人物。

在创业的初期，李彦宏与徐勇两个人的合作非常完美，这也为百度日后的发展和腾飞打下了一个坚实的基础。我们在对来自全世界的上千名学员进行合伙人培训时，也往往会把他俩的故事拿出来单独分析，告诉人们在选择合伙人时应该注意什么，以及为我们的潜在合伙人制订什么样的标准。

应该如何去选择创业的合伙人，是每一个创业者都要面对的大问题。单独或者合伙创业，各自都有各自的好处。比如单独创立网易的丁磊，就是获得巨大成功的代表之一。与此同时，微软公司的比尔·盖茨则是合伙创业的成功代表。

单独创业的好处就是可以让企业的运营完全按照自己的思路来，不会受过多的限制。但是，如果你自己单独创业，对你自己的综合素质和资金实力方面的要求都是极高的。如果你认为光凭自己现在的实力就足以运作一个创业项目，那么你就可以首选单独创业，以规避合伙人带来的麻烦。

合伙创业的优势在于可以实现不同环节的完美整合，起到扬长避短的作用。这种优点也是特别明显的，比如李彦宏和徐勇，他们两个人一人懂得技术，另一个人懂得市场营销，而且对资本市场极为熟悉。资金、市场、技术这三大创业的要素齐全了，自然会为以后创业的成功打下良好的基础。

不过话说回来，合伙创业自然也会有不好的地方，比如说最容易发生的问题就是双方经常会在意见上产生分歧，从而造成持续不断的矛盾，毕竟每个人都会有自己的一些创业理念和工作思路，这一点需要合伙的创业人之间有较为良好的沟通机制。那么在选择合伙人时，应注意什么呢？什么样的才是优质合伙人呢？

第一个标准——你们是否拥有共同的目标

在商业中的合作，你们两个人只有拥有了共同的目的，才能走到一起。可以说，是否拥有相同的目标与合作的成败有着非常大的关系，也是我们可不可以找到合作的伙伴的关键。

是否具有共同的目标又决定了双方的利益是否一致。利益的分配是否合理，也是在挑选合作伙伴时不得不考虑的问题。合作伙伴可能会很注意你所有项目的可操控的因素，然后综合判断你们的目标是否相同。

当你有了某种资源，在选择合作者的时候，看中的合作伙伴必须要有很好的可合作的资源。简单地说，除了目标的一致，我们对合伙人的要求还包括他的物质基础。因为他的资源便是你的合作目的——而你的奋斗目标则是你在这个行业中所希望达到的地位。只要具备了清楚的合作目的和奋斗目标，你们之间的合作才能站得住脚，并且立得起来。

第二个标准——你们是否能完美地配合

和"配合"有关的这一条标准非常的关键，特别是对合伙人来说。因为合伙创业的本质就是多个人一起合作赚钱，所以相互配合是非常重要的。要是你们配合得不好，麻烦就会层出不穷。毕竟人多嘴杂，每个人都有各自的主张，很难达成统一的意见。这样一来，在遇到困难的时候，就没有人敢站出来承担后果。但当你们的事业开花结果时，大家都会挤破脑袋，都想让自己分得多一些。

这些问题在合伙人之中是不断出现的，也成了多数合伙人分道扬镳最主要的原因。这些问题会让你和合伙人的关系变得十分紧张甚至发生破裂。长时间持续下去，就会令你和伙伴感到身心俱疲，压力巨大。只有双方愿意并且能够密切配合，完美协作，才能把问题减到最少。

第三个标准——你们是否可以明确各自的职责

在合作的初期，创业者之间合作时要明确合作伙伴各自的职责都是什么，绝对不能模糊，必须要落实到书面上。如果你们是长期的合作，明晰责任是最为重要的——这样至少可以较好地避免在后期的经营中出现持续不断的摩擦，使大家不至于在争吵中反目成仇。其实，创业合作中大多都会出现问题，很多问题的原

因，就是职责分配不够明确。因此，我们要选择一个愿意与自己
分清彼此职责的合伙人。

第四个标准——你们是否有良好的合作心态

合作双方之间的主要摩擦，大多都不是在合作前期出现的，
而是在后期的经营中和利润的分配中出现的。这时你的心态是什
么样的呢，能否保持良好的合作意识，在协商中解决问题？

为了避免这种情况的出现，我们必须提前合理地明确合作中
双方的职责，明晰合作双方各自的利益，保持较为良好的合作经
营的氛围，这样才能避免出现摩擦。当然，良好的心态也要求
我们不能回避合作中出现的问题，要尽快解决这些问题。这就是
保持良好心态的重要意义，是维系我们与合伙人深厚情谊的重要
一环。

第五个标准——你们之间是否有足够的信任

合作，自然是信任二字当先。没有信任就什么都干不成，普
通朋友需要信任做基础，合伙人更需要信任。合作者们会有一个
合作的过程，由此必须在合作中重视情谊，并把互相之间的诚信
体现出来。

比如，你们不要把一些合作的细节都给忽略掉，这样的做法

是很不正确的。否则出现了问题，就根本无法妥善解决，最后闹得互相攻击，也于事无补。在现代社会中，这样的事情还少吗？因此信任也需要契约，这是我的建议。

如果你们没有把相关的事项提前讲清楚并落实到书面上，那么在合作中早晚会出现大麻烦。即便合伙人是你的亲朋好友，你们之间的合作也一定要建立在正规的商业运作的基础上，要用商业的解决方法去解决合作上的纠纷，并且尽量避免纠纷，所有的合作细节都要提前讲清楚，提前明晰，将所有的约定合同化、法律化，这样才能搭建好信任的基础，努力创造一个优质的合作平台，并促使双方成为称职的合伙人。

第五篇

CHAPTER 05

客户篇

最好的客户永远是诚信的客户

马云曾经用一句话来讲诚信的重要性——诚信绝对不是一种高深空洞的理念，它是实实在在的言出必行，是点点滴滴的细节。

诚信，简单的两个字，贯穿了中国上下五千年的历史。诚信不仅仅可以让你在商业上赢得一席之地，还能给你带来好客户。

诚信是我们寻找好客户的基本出发点。诚信是取得成功的先决条件，也是取得商战胜利的不二法门。

商道即人道，人贵以诚，没有人会拒绝与一个品德高尚的人合作。在商业竞争中诚实守信，本身已经成功了一半。当下的创业者很多都是白手起家，最后能把事业做大做强者凭的就是自身的诚信名片。

精诚所至，金石为开。诚信做人早就成为创业者叩开商业合作者大门的敲门砖。因此，能否在商战中笑到最后，诚信显得尤为重要。

马云造就了阿里巴巴，阿里巴巴也成就了马云。在许多人看来，阿里巴巴的崛起得益于互联网的快速发展。在中国这块土地上，从来就不缺新型企业的出现，马云取得成功难道是他受到幸运女神的垂青吗？在阿里巴巴的"六脉神剑"（客户第一、团队合作、拥抱变化、诚信、激情、敬业）中你或许能找到答案。在重视客户、合作、创新和员工精神面貌的同时，诚信成为对员工个人品质上的硬性要求。在接受采访时，马云就直言，企业长远发展的最重要一点就是讲诚信，很多企业已经尝到了诚信的甜头，并获得了成功。

诚信不是空喊口号，而是实实在在的脚踏实地，是点点滴滴的累积。要想取得成功，就要先重视诚信，将其放在重要的位置，并将其视为不可或缺的在商业上取得成功的决定性因素。

把诚信放在战略的高度，说明你对诚信的看重。不管是古代社会还是现代社会的商战中，诚信早已成为获得成功的通行证。

建立你的诚信体系

如果说诚信是一张名片，那么"诚信体系"便是一幅位于繁华地区的巨大广告牌。

一个人若将他的诚信带入商业中，并以此为根本建立起庞大的诚信体系，就可以为成功打下坚实的基础。

我们举个例子来讲。假设阿里巴巴没有建立起一个庞大的诚信体系，它便不会成为真正的电子商务企业，并一跃成为全球最大的 B2B 网站，它只能停留在 BBS 的阶段，做一些不会有大的起色的业务。你应该能想象得到，马云主导建立起来的诚信体系让阿里巴巴不断攀上新的台阶。

今天，很多人都在向我表达一种情绪——他们无比羡慕马云的成功，崇拜阿里巴巴的神话，也希望自己可以成为马云那样的人，拥有无数优质的客户。他们用尽了各种办法，绞尽脑汁，到处拓展人脉，却很少有人理解诚信的重要，更想不到诚信体系的巨大作用。你在无形中建立起的诚信体系，会让巨大的利润纷至沓来。

在商业大潮中，昙花一现的企业不在少数。渴望东山再起，却苦于没有成熟的合作伙伴的人比比皆是。但厚积薄发，一举成名的人也不是凤毛麟角。不是所有人都拥有成为首富的能力，想要在无形的商战中成功存活，并且快速成长，壮大自己的实力，一定要重视"诚信"，并逐渐建立起自己的诚信体系。记住，诚信会为你带来各种各样的好处，并帮你取得商战的最终胜利。

试想，同样的两家商店，你是愿意去诚信度五星的商店消费，还是去诚信度为零的商店消费呢？倘若每个人都愿意去诚信度为五星的商店消费，那过不了多久，它便可以做成全市连锁、全省连锁，甚至全球连锁。诚信便是你的星级招牌，它会为你带来源源不断的回头客。

只要你为自己建成了最好的、最坚固的诚信体系，还怕找不到优质的客户吗？你一定要记住，最能打动客户的是两种东西——你的人品和产品。

在 20 世纪 90 年代初期，长实集团曾经代理一种从北欧进口的燃气火锅炉产品。当时，这种产品是比较时尚和先进的，也很有商业市场。生产这种产品的公司早在 20 世纪 80 年代就成立了研发部门，花了六七年的时间研究这种产品，该产品上市后在欧洲一直卖得很好。因为它早别人一步生产这种火锅炉，短短两年就成为欧洲最畅销的品牌。

这种产品选择了长实来代理它在亚洲的销售，进入香港地区以后，公司就安排我去做它的第一批销售人员，让我先在市场上做一个初步的调查。调查的目的是制订价格策略，并规划未来一年内的营销方案。在接触了市场以后，我感觉公司定的价格比同行的价格高出了将近三分之二。

这是不是太高了？

很多商家还没有接触到产品，只是听了价格以后就开始“要死要活”了，他们跟我说：“哎呀，您的价格太高了，我们无法提价呀，自然就没有什么利润。卖出去的价格还没批发价高呢，这让我们赚什么钱？不要！”有的干脆直接说：“先生，等我需要的时候再给你打电话吧！”或者是：“就算你们长实名声在外，也没必要拿我们一线门店开涮吧？”

市场调查做了两个月，又走访了上百家超市，我碰了一鼻子

灰。凭我三寸不烂之舌，也不能成功地签下一单。到了当年的 9
月份，公司也只拿下了全香港的 13 家电器超市，离既定的目标
还有相当大的差距。

但是，我们销售部的主管梁先生并没有灰心丧气。他坚信可
以打开市场，哪怕是用更高的价格。他的理由是："我们的质量
是无可置疑的，在香港，长实代理的电器具有可信度，我们名声
在外，不用降价。"他甚至还想把价格再调高一些，压迫那些电
器销售商服软。

不过，我觉得，用价格高来体现自信并不是一个好主意，我
们要做到让产品的质量与价格相匹配。说白了，我们必须能够在
同样价格的情况下，做到质量比别人的好。于是，我又制订了这
款产品的质量宣传方案，在香港的大街小巷贴满了这款火锅炉的
使用说明，还请了明星在电视台现身说法，证明它的功能的确十
分优秀，是市面上现有的产品无法企及的。

又过了三个月，广告效应终于显现了出来。大量的客户开始
主动上门，希望可以拿一批货去店里试卖。眼看冬天就要到了，
正是火锅炉的销售旺季，长实也借着这个机会大赚了一笔，而且
积累了很多稳定的客户。

——你的价格可以贵一点儿，但必须与众不同，这样才能打
动客户。与众不同的首要标准是什么？就是过硬的质量。质量
与众不同，价格就好说；质量低下，价格即便很低也很难让客
户满意。

——客户是分很多种的，有的客户喜欢便宜货，但也有许多客户喜欢质量更好的产品。他们为了买到更好的产品，宁可出更高的价格。为了打动这样的客户，你就得严格要求自己，在各方面做到最优。

如果你的产品质量确实很好，那么在开发客户资源时，就得锁定那些追求质量的人群，或者干脆往高端的市场发展，做好各个方面的工作让客户对你动心。

提供过硬的产品

首先，我们要让客户认识产品的价值。你自己必须充分相信你提供的服务和产品是物有所值的，并保证这一点，服务和产品的质量要真正过硬，不能仅靠吹嘘和包装。同时，你也要有充分的自信，只有充分相信自己产品的价值，才能成功地把产品销售出去，并让对方成为你的回头客，给你带来更多的价值。

如何充分地认识自己的产品？

第一，你要喜欢自己的产品和服务，要擅长做这些工作，在客户那里留下良好的印象，这样才能销售得更好。

第二，你还要更进一步，对产品和服务非常熟悉，并能在最短时间内准确地说出它的卖点，来打动客户。

第三，你还要有灵活的修正策略，根据客户的需求来变更产品和服务，做到让他们满意。

做到了这三点以后，你就有了底气，与客户打交道时就可以胸有成竹了。

展现你的人品

客户最看重的除了产品，还有什么？

很多人不了解这个问题，他们疑惑地问："做生意不就是围绕产品进行的吗，还能有什么？"其实，积累足够多的客户关系最重要的一点就是推销自己，只有你自己被客户接纳了，你的产品才有可能被他们接纳。客户只要认可了你这个人，有时候都不用你对产品进行太多的推销工作，他们就会欣然签下与你的合作协议，因为你的人品在他们眼中就是最大的保障。他们相信你，所以也相信你提供的产品和服务。

因此，在对待客户时，一定要怀有一颗真诚的心。

菲力斯东刚刚创立美国燧石橡胶公司时，公司里的设备十分简陋，研制工作也进行得十分不顺利，为公司效力的工人寥寥无几。有一天，菲力斯东在一家酒店里遇见了曾经获得新式橡胶轮胎发明专利的发明家罗唐纳。当时，罗唐纳的生活十分窘迫，他拿着自己的专利证书和设计图去找正在开发新产品的橡胶公司的负责人史道夫。

罗唐纳本来以为自己的专利能够得到史道夫的高价收购或者是共同合作生产，没想到史道夫却不以为然，只是扫了一眼他的设计图，就扔给他说："你是个骗子！以为用些欺骗幼儿的把戏就能骗到我的钱吗？！"罗唐纳气得浑身发抖，他拿出自己的发明专利证书来证明自己并不是个骗子。史道夫只是轻蔑地看了一眼专利证书，便将其揉搓成一团扔给了罗唐纳，说这是骗外行人的，审查专利的都是些外行人。

罗唐纳因为史道夫的轻视，内心受到了沉重打击，便发誓从此再也不涉足发明界，整天借酒消愁，生活也窘迫不堪。菲力斯东听说了罗唐纳的发明专利以后，十分感兴趣，想与罗唐纳进行合作，于是便去与他交谈。没想到罗唐纳只是不屑一顾地看了他一眼，完全不理睬他，因为之前罗唐纳在史道夫那里受到羞辱的事已经成为人们的笑谈，这让他性格变得十分孤僻，不再相信任何人。

菲力斯东不想放弃这个或许可以让公司崛起的机会，第二天，他专门上门拜访，结果罗唐纳并没有接待他。

不过，他并没有因此而放弃。他认为一个人才因遭受打击而变得孤僻是一件很正常的事情，于是，他便用自己的真诚来打动对方。他等在罗唐纳家的门口，希望罗唐纳能够与自己谈合作的事情。他在罗唐纳家门口等了整整一天，在这一天中，他没有吃任何东西，又累又饿，就要支撑不住了。

一直到下午六点左右，罗唐纳终于打开了门，菲力斯东大喜过望，想要迎上去，没想到眼前一黑，差点儿栽倒在地，多亏罗唐纳及时扶住了他。

就这样，罗唐纳因为菲利斯东的诚心而感动了，决定帮助他。之后，菲力斯东的公司运用罗唐纳的发明，制造出了不易脱落并且蓄气量很大的橡胶轮胎。新的橡胶轮胎上市以后，立即得到了大众的认可。凭借这一发明作为基础，菲利斯东的公司发展迅速，不久便成了美国顶尖的轮胎公司。

由此我们可以看出，诚心对我们来说是很有帮助的。我们再来看一个故事，故事的主人公是有名的石油大王洛克菲勒。他年轻时，脾气十分暴躁，所以得罪了很多人，有不少人都恨他入骨，甚至想要杀了他。直到晚年，他才明白做人不该太过逞能，待人以诚才是最重要的。他曾说："不管你是平民还是贵族，你都应该学会包容别人的过错，用平和的心态去进行人际交往，这是十分重要的，这样做可以让你保持愉悦的心情，并省下对别人怨恨的时间来做一些有意义的事情。"

洛克菲勒十分喜欢徒步旅行。有一次，他打算从火车站返回公司。他来到当地又脏又乱的小车站，坐在候车厅大门旁的一个位子上等车。因为长途跋涉，他觉得十分疲倦，懒懒地看着来来往往的行人。

火车进站了，乘客们一窝蜂地涌向检票口，洛克菲勒站起来，准备向检票口走去。这个时候，从候车厅外走进来一个高个子女人，她拎着一个看起来十分沉重的皮箱，气喘吁吁的，明显也是要赶这班车。但是箱子太重，累得她走几步便停一步。她向四周打量了一番，似乎是打算找个人帮她。接着她便看到了一身狼狈的洛克菲勒，喊道："那个老头，你来给我提下箱子，我会给你小费的！"

如果这是很多年以前的话，他一定不会理睬，但是当时的洛克菲勒已经想通了许多人生的道理。他毫不犹豫地接过了高个子女人的皮箱，同她一起前往检票口。

他们刚刚踏上火车，火车便开动了，高个子女人接过箱子，说："这次可多亏了你，不然我一定赶不上这班车。"说完，她便掏出了两美元作为小费递给了洛克菲勒。

洛克菲勒从容地接过钱，问道："女士，您是想要去哪里？"高个子女人说她打算去另外一个城市，去看她很久没见的儿子。洛克菲勒一边听女人讲着，一边帮她把皮箱塞到座位底下。这个时候列车长走了过来，看见了他，便说道："洛克菲勒先生，真没想到您会搭这班车，请问需要我为您做些什么吗？"

洛克菲勒笑着拒绝了："谢谢，我想我不需要什么帮助，我只是最近进行了一次徒步旅行，现在正打算回公司。谢谢您的好意了。"

高个子女人听到这儿，立刻惊讶地叫起来："啊……您是洛克菲勒先生？天哪！我居然让您帮我拎箱子，而且还给了您两美元的小费！"高个子女人连忙惶恐地请他将小费退还给她。

洛克菲勒回答得十分有趣："那怎么行，女士！如果把小费退给您的话，我不就白给您拎箱子了吗？"

如果你想在这个社会里学会生存的话，那么首先就应该学会礼貌，真诚待人。太过高傲的话，你注定不会讨人喜欢。同样，如果你希望让客户对你满意，也一定得拿出自己的真诚，降低自己的姿态。

在当下的社会环境中，许多人飞黄腾达以后便变得目中无人，有了钱便觉得高人一等，这样必定会招来别人的不满和仇恨。他们不但在普通人面前如此高傲，在自己的客户面前也往往表现得十分不屑，就好像别人非得求着他们合作一样。

当然，穷人不应当有仇富的心态，但是富人如果能够懂得尊重别人，待人谦逊有礼的话，一定会得到更多人的尊重。很多富人都觉得，自己有钱，没有什么人是请不到的。他们对员工没有丝毫的感激，觉得自己给手下的员工发薪水，员工就该对他们感恩戴德。有这种心态的老板是雇用不到人才的。只有真诚待人，懂得尊重他人，才会有人为我们竭力工作；也只有用真诚的心去对待别人，我们才能打动越来越多的潜在客户。

如果你有足够的魅力和魄力来吸引客户，他们对你的印象很好，还担心什么价格问题呢？很多客户宁愿花更多的钱购买良好的服务，也不会花很少的钱跟人品差的人合作。

总的来说，想打动一个客户，就必须有好产品和好人品，你综合性地提高自己的价值，客户才可能在多选一的情况下对你产生强烈的好感，那么你也更容易取得成功。

倾听是赢得客户的有效手段

怎样才能让自己在寻找和开发客户资源的过程中，掌握聆听

145

这门艺术呢？

我们应该像敬业的好员工听取上司的指示一样，放低姿态，聆听客户真实的声音，哪怕他们满嘴抱怨，把自己的负面感受和莫名其妙的牢骚都发泄到你的身上，你也要耐心地听完他们的心声，并对此做出善意和积极的回应。

一份商业调查显示，这是良性聆听的基础。假设我们不能很好地倾听客户的心声，他们对我们的意图一定不会感兴趣，甚至会产生极大的反感。而且，他们对于我们的推销或请求，会丧失最起码的积极性，因为他们觉得被忽视。这样的话，即便你很想结识他们，也不会有什么太好的结果。

在聆听客户的心声前，我们应该抛弃心中的成见，这是很有必要的。换位思考，真正地站在他们的立场考虑问题，扪心自问："如果我是一个客户，要买这儿的东西，我最需要的是什么？"你越是与客户交心，越是了解他们的内心世界，回答这个问题就越简单。

在聆听客户的想法时，我们应该多赞同，多赏识，多做笔记，不要偏激，更不要打断他们的发言。不管对方的话与自己的观点有多大的差别，让自己有多么愤怒，都要容忍，都要聆听到最后，并且平和地发表意见。

客户就是上帝，你必须与他们缩短心理距离，因为你尊重他们，他们反过来也会尊重你，这才是最好的结果。当然，这一切的前提都是我们能有一种平和的心态。这样，我们才能在工作中有更加出色的业绩，因为客户觉得得到了我们的认可、尊重，这会让他们铭记在心，从而购买我们的东西，帮我们提升业绩，实现双方的共赢。

更深入地讲，对于客户说出来的话，左耳进、右耳出，这并不是聆听的真谛，你要真正发掘他们的内心最真实的想法，这才是聆听客户的法门。

对我们来说，在生活和工作中要做到高质量的聆听是很困难的。客户未必跟你说真话，或者一开始就告诉你他们的真实需求，而是往往有所隐瞒。他们肯定有很多话是不敢说、不想说的，甚至有的时候还会言不由衷。你必须准确把握这些话的真正含义。只有这样，你才能完成高品质的聆听，更高效地舒解客户的情绪，解开他们的困惑，满足他们的需求。

高品质的聆听可以避免我们自以为是，最重要的是可以让我们听取客户内心最真实的声音。假设一下，你问一位客户是否喜欢你送他的小礼物，他的眼睛盯着地，手握在一起，然后很平淡地回答了一句："喜欢啊，我一直渴望得到这样的礼物。"那么你是信他说的语气平淡的话，还是相信他的肢体语言表达的意思？

再做一个假设，一位客户在参与你安排的活动时感到很不满，活动承诺的东西有一些没有兑现。当你问他这项活动的质量如何，是否有什么意见时，他紧锁双眉，冷笑一声说："没什么意见，还可以。"那么，这时他的语气以及表情都说明事有蹊跷，你就要慎重考虑了。

这就是倾听的重要性，可以让你探知别人的弦外之音，为你带来敏锐的洞察力。

你学会赞美了吗

每个人都渴望获得他人的赞美，当然也包括我们的客户。即便一句极为简单的赞美，也可以使他人欢欣鼓舞，从而获得强大的自信以及积极进取的力量。

我们每一个人都非常渴望他人的肯定以及社会的认可，尤其是在我们付出了一定的劳动以后，自然期望能够收获他人的赞许。古人说："欲先取之，必先予之。"如果我们想获得他人的赞美，首先要学会赞美他人。

赞美别人，我们要发自内心地对别人表示尊重和认可，这也是我们能够给予别人的最好的礼物。

赞美别人本身就是我们对他人表达一片善心以及好意。它传递给他人的就是我们对于他们的信任和欣赏，同时也可以在无形当中化解我们与他人之间有意或者无意造成的隔阂或者摩擦。

细数了赞美他人能够给我们带来的好处，我们为什么不从现在开始就运用这种说话的艺术呢？

人们从来都喜欢听好话，没有人会发自内心地希望有人跑过来对自己进行指责。即便是知根知底的朋友或者亲密如夫妻，你若是批评对方几句，对方往往也会觉得面子上挂不住。

一位来自美国哈佛大学的专家曾做过一项专门的实验。其研究结果表明：就算是动物，它们的大脑在受到鼓励的刺激以后，其大脑皮层上面的兴奋中心也会开始兴奋起来，从而调动其子系统进而让其行为发生改变。以此类推，作为万物之灵的人类，其最基本的需求之一就是渴望被认可以及享受他人的赞赏。

日本的一位社会心理学家就说过："当人们对你进行赞美或者是表示尊重的时候，除了那些显而易见的溜须拍马的话被你摒弃，就算是普普通通的应酬的话，也会使你觉得极为舒坦。可是，一旦听到他人对你的批评，即便你知道对方并不是恶意中伤，即便其所说的都是事实，你也会感觉有些不舒服，甚至产生一种强烈的反感。"

尽管这位心理学家来自日本，可是他的话恐怕不仅仅是针对日本人而说的。这些话在一定程度上反映了人的共性。我们中国也有与之相对应的经验之谈，不过言辞简洁，没有那么具体直接罢了。"多栽花，少栽刺"的俗语可以说就道出了此中哲理。

每个人身上都有令人难以察觉的闪光之处，而这些恰恰正是其个人价值的体现。一个可以令客户折服的人，往往也是慧眼独具、喜欢由衷地赞美他人的专家。赞美客户无疑是我们拓展客户资源的润滑剂。在与他人交往的过程当中，我们应该适当地对他人进行赞美，从而获得神奇的效果。

其实赞美他人的过程就是一个与人进行良好沟通的过程。通过赞美他人，你表达了对他人的欣赏和尊重，自己也能从赞美他人的过程中感受到快乐。

美国心理学家马斯洛的需求层次理论认为：一个人较高层次的需求乃是自尊以及自我的实现，一般表现为荣誉感和成就感。一个人荣誉感和成就感的获得，自然需要社会的认可。而赞美他人的作用，其实就是把对方需要的那些荣誉感以及成就感，轻轻松松地传递给对方。当他人因为某些行为而获得了你真心诚意的赞美时，他就会觉得自身的努力得到了肯定和认可。他也会在获得荣誉感和成就感的同时受到激励和鼓舞。

如此一来，他就会积蓄力量，更加主动地发挥自身的主观能动性，向着预定的目标大步前进了。

有一所学校的一个学生在写命题作文的时候，竟然抄袭了一本杂志的一篇散文。然而巧的是，他的语文老师恰恰在这一期的杂志上面读过这篇散文。这位执教多年的语文老师，深深知道保护一个学生的自尊要比挖苦和指责这个学生好得多。

这位老师根本没有严厉批评这个学生，而是将其悄悄地叫进办公室里面，真心实意地称赞起这篇散文写得多么好。说完了这篇文章的好处之后，这位老师还主动给学生分析了这篇文章的结构以及段落之间的起承转合，最终还叮嘱这个学生要向更高的写作目标努力。

谁都没有想到，这位语文老师为了保护学生自尊的赞美却在这个学生的心中留下了不可磨灭的印迹。此事过后，他真的喜欢上了写作，并且依靠自己的不懈努力，最终成了一位著名的业余作家。

看到了吧，这就是赞美的力量。这种力量十分惊人，有时候甚至可以达到点石成金的效果。

在我们的现实生活之中，一个擅长发现别人的长处、毫不吝惜地赞美他人的人，在赞美别人的同时也有着巨大的收获。不知道你是否也有相类似的体验：在赞美别人的时候，你往往也会在这赞美当中获得激励。

我们应当毫不吝惜地去赞美别人，尤其是我们的客户，但必须要恰如其分，让我们在对方的心目中留下一个极好的印象，从而有助于开拓和积累客户资源。

自信才能赢得别人的尊重

在日常的人际交往过程中，尊重是十分重要的。它指的不仅仅是尊重别人，最为重要的是，我们也要尊重自己，这样别人才会尊重我们。

信任自己便是给了自己最大的尊重。人应当充满自信，相信自己能够做好每件事。换句话来讲，自信就是在内心里对自己的肯定。心理学家们曾研究过自信心，并发现一个人是否自信往往会对他给别人的第一印象产生影响，每一个人都喜欢与自信心强的人交朋友。

20 世纪 30 年代初，原一平对推销保险还没有任何经验，但是他怀着强烈的自信心来到保险公司应聘，而保险公司的面试官并没有对年纪已近三十却没有从业经验的原一平产生兴趣，反而说他根本不适合这个行业。

"您为什么会这么觉得？"当时就要被淘汰的原一平十分不甘地问。

面试的考官有些不屑地说道："推销保险这份工作是很有难度的，看上去你就不能胜任。"

原一平被考官轻蔑的态度激怒了，在心中燃起了斗志，于是很认真地问道："那么贵公司对员工的要求标准是什么？"

"每个月都必须推销出 1 万元以上的保单。"考官明显是提高了标准，目的就是要让原一平放弃这份工作。

"任何一个人都必须要超过 1 万元？"原一平继续问道。

"那是当然。"主考官的态度依旧轻蔑。

"那我也可以！"原一平自信满满地说。

就这样，原一平成了这家保险公司的一名"见习保险推销员"。他没有属于自己的办公的地方，还常常被公司的老员工随意差遣。最初，他推销不出一份保单，因此没有任何薪水，他只能步行上班，吃不起午饭，常常露宿街头，但是他没有轻易放弃，因为他相信自己，这就是他给自己的最大的尊重。

"你是独一无二的，你的毅力与斗志超群，现在只是暂时贫穷，你一定会成功的，你一定会证明你是一名杰出的推销员！"原一平经常这样对自己说，他懂得，自己推销的不仅仅是保险，还有他自己。

所有的厄运终于过去，原一平经过磨炼，在不足十个月内推销出去了接近17万元的保险，远超当初面试时与考官的约定，这终于让同事们对他另眼相待，再也没有人轻视他了，从前那些嘲笑他的人也开始主动来向他请教。

人应当相信自己，尊重自己，这样才能去尊重别人，才有底气正确地看待别人；我们只有懂得尊重别人，才能取得对方对自己的尊重与信任。如果你连自己都不相信、不尊重的话，那就不会有人尊重你，更不用提让对方对你产生信任了。

找到你的客户

我们知道，做生意的人都在寻求自身利益的最大化。用最少的投入来换取最大的收益，选择最合适的合作者便成为实现利益最大化的关键。

投资者必然会对合作者的各个方面进行比较，并对可能的结果进行评估，在众多合作者中找到最合适的一个进行投资。因此，多渠道、多途径地选择比较，给自己留下机会，便是争取利益最大化的先决条件。

你能和多少人打交道，决定你可以做多大的生意

有一项调查显示，人一生大概会遇到 3500 个人（所有的社会关系的平均数据）。你有没有想过，其实这个数是可以更大的，并且这取决于你对成功有多渴望。如果你能将这个数据扩大十倍，你就能取得百倍的成功。

一个人的人脉圈可大可小，但成功者的人脉圈绝对大得令你吃惊。比如，现在流行的微商便是利用熟识的人脉资源进行销售。从某种程度上来说，你能和多少人打交道，决定你可以做多大的生意。而且，你永远都猜不到那个为你带来机会的人是哪一个。

借助外力创造更多成功的机会

我相信很多人都听过这样一个故事：有一个人觉得一个年轻人十分有潜力，便想帮助他。于是这个人便去找石油大王洛克菲勒，说："先生，我想为您的女儿介绍一个对象，他是世界银行的副总裁。"洛克菲勒同意了。然后他又找到世界银行的总裁，对他说："总裁先生，任命洛克菲勒的女婿为世界银行的副总裁，您觉得如何？"总裁先生也同意了。

于是，这个年轻人便成了世界银行副总裁，同时又成了洛克菲勒的女婿。

这个故事可以说明，只要你懂得手里的人脉资源该如何利用，那么你可能就会成功。

当今社会，工作竞争的压力非常大，许多人都在苦练自己的独门绝活儿，认为有了属于自己的绝活儿，便能在当下的社会一展身手。但是，如果你没有人脉，没人愿意给你搭建一展身手的舞台，那你有再多的绝技也无处施展。

假设你们家祖传了八代的手艺——制陶技艺，现在传到了你的手里，然而，你却发现你的家乡实在太过偏僻，光是去县城一趟就要花上一天。

你一直都在家里制陶，可是，你制作那么多陶器要做什么呢？肯定是要把这些陶器卖出去，实现它们本身的价值。如果你想只凭借自己的能力，自己挑着这些陶瓷去县城里卖，恐怕你还没到县城就已经体力不支了。直到这时，你才发现，有些事不能只靠自己，要学会借助外力。人的精力和能力是有限的，如果所有的事情你都想靠自己，那么你的优势是发挥不出来的。

要想借助外力，就要进行人际交往，那么怎样才能处理好人际关系呢？我认为这并不难，只要你用自己的诚心和人交往。

以前，我有一个朋友在南京工作，他的老家在广州。有一年，他的母亲生了一场大病，他无意间得知，有一种树对她母亲的康复有好处，这种树只有广州一家礼仪公司才有，可是他与这家公司没有过任何交往。但是，他还是写了一封邮件给那家公司的总经理，邮件中的语气十分诚恳。他问对方，可不可以在他母亲出院时送一棵树到他家里，他可以把钱从北京打过去。

那位总经理在看过我朋友的邮件以后，深受感动。他说他们卖这种礼仪树已经很多年了，却从来都没见过有谁这么孝顺地为自己的父母买一棵树。就冲我朋友的这份孝心，那位总经理送给了我朋友这样的一棵树。

后来国庆节放假，我的那位朋友回到广州老家，见到了母亲，也见到了那棵树，并且还见到了那家公司的总经理。他对这位总经理十分感谢，这位总经理说："现在这个时代，事业、金钱不过是生活的一部分，而情感才是最重要的。"

就这样，我的那位朋友与那位总经理结识了，我朋友公司所有的礼仪业务也都交给这家公司来做了。这就是客户的开拓。处处都是商机，你有眼光、有品位、有追求、有诚意，就一定可以让自己的客户遍地开花。

适时调整，不要一成不变

以不变应万变的策略在商海中是根本行不通的，如果你总是一成不变，早晚会被时代淘汰。企业的掌舵者，随时根据形势的变化做出决策、调整方向才能到达成功彼岸。在开拓客户方面也是如此。

保守、固执已见的人不能建立良好的交际网。同样，不知变通、顽固到底的人往往是商场的失败者。

史玉柱曾位居福布斯中国富豪排行榜前列，却因为决策失误，一夜间从巅峰跌入低谷，一下子成为负债 2.5 亿元的"最著名的失败者"。在调整心态后，他用借来的 50 万元作为本金杀回了商场，还清了欠款。保健品行业为他带来了巨大的财富，为了取得更大的成功，史玉柱开始审视保健品行业的发展前景。在发现保健品行业前景暗淡后，史玉柱又开始转变。在 2005 年，他高调地投资大型网游《征途》。这一次，史玉柱赚了个盆满钵满。

史玉柱的成功就在于明智地进行决策，适时地调整方向。在所处行业发展前景暗淡的情况下，他果断选择新兴行业进行投资，为自己开拓新的客户。

当你停滞不前的时候，必须根据变化随时调整方案，否则就没有出路。1948 年，美国加利福尼亚州发现金子。一大批淘金者从各地赶去，想要发大财。但当地气候炎热，很多人因为没水喝而昏厥。有一个 17 岁的男孩亚摩尔，在认清形势后，果断放弃自己的淘金梦，改为卖水。在许多淘金者空手而归的时候，亚摩尔反而成为一个小有名气的富翁。可见，变通可以给人带来成功和财富。

人生难免会遇到挫折，商场中处处都有陷阱，但总有人会取得成功。那些成功的人一般都拥有敏锐的洞察力和灵活的头脑。他们能清楚地知道自己的处境，并做出分析，当发现自己停滞不前的原因是自己的定位错误时，能够及时进行调整，而不是固守己见，一条道走到黑。

成功的人善于调整方向，他们在发现自己选择的方向错误时能够及时地做出改变，而那些一成不变、思维僵化的人注定会失败。

让客户和你一起受益

现在大多数人都把自己推销的重点放在了产品上，目的仍然是赶紧卖掉产品，收回货款。为什么不尝试转换一下思维呢？把重点转移到客户身上，让你的生意和客户的成长融为一体，让你们共同从合作中获益。

要想做到这一点，我们就要考虑下面两个问题。

1. 为客户创造独特的价值

如果你的产品真的质量过硬又独一无二，那你根本就不需要业务员，更不需要花大把的力气去开发什么客户。你只需坐在那里，客户就会趋之若鹜地追着你来签单。因为你为他们提供了其他人不能提供的东西。

举一个最简单的例子，比如食盐这种产品，根本就不用做什么广告所有人都会去购买。再比如微软，它的操作系统我们几乎也别无选择。这里我想说的是——只要你为客户提供了一种他们必需的价值，你就可以守株待兔了。

但在现实中，只要以商品作为载体，在今天如此残酷的竞争之中，我们很难做到独一无二。因此，我们能做的只是尽可能地为客户提供更多的有用价值。只有产品的价值体现出来了，你的客户就好谈了。客户看到了你的产品的价值，你们的合作才能持久。

不要以为达成初步合作或是抓住了一个关键负责人，就可以万事大吉了，想维护好与客户的关系就要不断地增加自身产品的价值，如果对你的客户来说，你的产品是有价值的、重要的、不可缺少的，甚至是不可替代的，那么，你不用去刻意维护其中的关键人物，也可以长期地拥有这个客户。

2. 别忘了关注你的竞争对手

你的客户为什么会流失呢？很多时候不是因为他们没有需求，而是因为你的竞争对手满足了他们的需求。所以，我们时刻不能忘记关注我们的竞争对手。我们通常犯的错误就是在开发客户的时候，把客户当成最重要的对手，把所有的精力都放在了这里。其实真正影响我们客户数量的，有时是同行业的竞争对手，他们才是影响我们能不能和客户达成合作的关键。

因此，我们在研究客户需求的同时，也要了解竞争对手的长处与短处，比如他们所能提供的服务、他们的目标、他们的底线，等等。知己知彼，百战百胜。在谈判过程中针对竞争对手的弱点，以数据或事实为依据，摆出自己的优势才更有说服力。这是一种客户开拓中的曲线战略——当你能够击败自己的竞争对手时，就等于增加了自己的客户资源。

第六篇

CHAPTER 06

爱人篇

成功的人生不能没有幸福的婚姻

十几年前，我刚大学毕业，进入长实集团工作，起初加入的是公司在九龙的新客户开发团队——这是由少数精英主导的专门培训有潜力员工的团队。除了向这些优秀的前辈们请教提高销售业绩的方法，我每天的业务便是拜访九龙地区大街小巷的中小超市的经营者和新建商场的老板们，向他们推销长实集团代理的电器，同时我也有机会听他们畅谈工作上的成功事迹、创业动机以及他们在自己的人生中攀上高峰的时刻。

后来，我到了美国，平时也喜欢跟企业主和高管们聊天。我经常向他们讨教工作之外的问题，比如如何处理好人际关系，如何解决感情问题等。这是从侧面了解一个人的生活是否幸福、人生是否成功的很重要的方面。

后来我统计了一下，和我这样聊过天的商务人士，至今已超过了5万人。而且，他们都是在事业上取得了不同成功的人，其中包括微软、华为、思科、通用汽车、西门子等公司的管理者。

在这 5 万人中，我发现出现频率最高的话题其实并不是与同学、师友和客户有关的困惑，而是关于自己的情感。每当他们聊到自己为了某一件事而感到后悔与遗憾时，必定会谈到"我在感情方面其实做得很不好"或者"我到现在还在反省自己的婚姻"等失败的情感经历。其中，最让人感到后悔莫及的，就是遇到了错误的人，走进了错误的婚姻。

通用汽车公司的一位管理者说："20 年前我觉得赚钱最重要，只要事业成功了，任何事都是成功的，就能得到人生的幸福。但现在我才明白，如果没有成功的婚姻，事业再成功也很难拥有真正的幸福感。"

这位高管拿着上百万美元的年薪，还拥有两个带薪长假，在世界各地飞来飞去，到哪儿都是座上的贵宾。拥有这种地位的人，当然是具备很强的掌控能力的，但他的婚姻和情感却出现了令他无法解决的问题。

为什么会这样？

造成这种情况的原因当然有很多，比如双方在婚前没察觉对方与自己存在一些生活习惯的差异、因成长环境不同所形成的价值观的不同，两人脾气有差异，时不时地爆发家庭战争，或者根本就无法和睦相处。有的人则是与对方家人的相处出现了极大的问题，还有些男女则是在性生活方面存在着不可调和的矛盾等。

下面让我们来看几个我在做咨询工作时遇到的具体的案例。

案例1——孙先生："我承担不了过重的责任，难道我是忘恩负义的人吗？"

我还算一个成功的男人吧，但婚姻很不幸，我离婚了。导致我和我前妻离婚的原因，看上去是我在外面找了情人，让她感到失望，可是，对这段婚姻我又何尝不失望呢？我和她刚在一起的时候日子过得很苦，如今生活终于富裕了，我们却在这时候离婚了，可问题不仅出在我一个人的身上。

我并不是那种没有责任心的男人，当然，也不是因为喜新厌旧才与她分开，她对我、对这个家所有的付出我都铭记于心。夫妻的利益可以说是共同的，无论对方做什么事，怎样去选择，肯定都是为了这个家。

选择权对于每一个人来说都是平等的，你完全可以单方面地选择结束一段感情。每一个人同样也有着掌握自己命运的权利，可以选择成就事业或是婚姻。

从前，前妻对家庭的付出让我对她充满了感激。但是后来，我只要哪里稍微做得差一些，她就会拿出她为我付出了多少为理由，让我必须对她感恩戴德，听从她的吩咐，全心全意地对她好，甚至让我一生都不能有一点儿疏忽地宠着她、爱着她，不然她必定会不断地骂我忘恩负义。

由于前妻的偏激，这个家给我的压力很大，所以在我遇到那个温柔体贴的女人时，我的心便跟着那个女人走了。老实说，我的前妻对我很好，是一个传统的好妻子。但是世事总是让人难以

165

预料，我通过这段婚姻，看明白了一件事，那就是有一种女人因为爱情会不顾一切去成全男人，她们把家庭看得比什么都重要，能为家庭而舍弃的东西她们都可以舍弃，并且把自己的一生都投入到家庭当中。

这很让人感动，但也正因为如此，男人才会觉得，来自家庭的沉重压力让他们喘不过气，他们想通过一些方式让自己放松。所以，通过自己的经历，我觉得女人完全不必把家当成自己的全部，女人要懂得爱自己、成全自己，她们的身价高了，追求她的男人自然也就多了。与为了爱情、为了家庭与丈夫争吵不断相比，这种方式可能更好一些，不知道您怎么认为？

我的回答：

孙先生的观点固然有些过于激进，但是我们从中也可以看出，女人不能把家庭和婚姻当成自己的全部，时时刻刻将自己的付出摆在对方的面前。否则，很容易就会让对方感到厌烦。良好的婚姻应该是能创造快乐的，而不是去创造沉重的压力。所以请记住，婚姻中，我们要给对方留有一定的空间，不要给对方制造太多的心理压力，否则对方就会喘不过气来，婚姻也许就会因此而走到尽头。

案例 2——李女士："十年了，我才发现自己找错了人！"

从前我一直以为，我会与他安安稳稳地过一辈子，但是人生不如意事十之八九，我们在一起后的第十年，我才痛苦地选择了与他分手。

与他在一起时，我才高中毕业没多久，刚刚踏入大学的校门。大学毕业后，我和他一起在外面找了房子租住，开始了我们的同居生活。刚开始，我们的生活很美满。每天早上，我都早早起来做早饭，由于我们的公司距离很近，我们经常一同上下班。下班以后，他会在我们公司的楼下等我下班，然后我们一起去逛商场、买菜、回家做饭。晚饭后，我们一起窝在沙发里看电视，日子过得十分甜蜜。

就这样，时间不知不觉过去了三年，我们的朋友和亲人开始催促我们举办婚礼，把生活安定下来，毕竟，我们已经在一起那么长时间了。但是我们更喜欢这样自由的日子，于是一直找借口推辞。

到了第四年，我们都升职加薪了，但是也因此忙碌了起来。我和他经不再一起上下班了，通常都是他上班了我还在被窝里睡懒觉，他下班了而我还在公司里忙着加班。星期日我们也极少出去娱乐了，我们大多都在家里各自忙自己的事情。时间一长，我心里便觉得十分不舒服，像是缺少了什么一般，虽然我对自己说，平平淡淡的生活才是最安稳的。

工作以后的第六年，我29了，眼瞅着便要30岁了，与男朋友在一起也已经十年了。于是我便同他商量结婚，毕竟我们都不小了，应当让往后的生活定下来了。可是他却安于现状，一直不肯答应与我结婚。为了这件事，我与他吵了将近一年的时间，这

让我们都觉得十分疲惫，而我也对他彻底寒了心，于是便选择了
与他分手。

我和他在一起这么多年，分手对我来说完全与离婚无异。我
没想到我和他之间的结果竟然是这样，我实在想不通，这到底是
为什么？请告诉我，我在哪个环节出现了错误？

我的回答：

李女士，你们两个人住在一起这么久，最后却没办法成就一
段婚姻，其中的原因很简单，主要是你们双方住在一起太久了，
对彼此的了解十分透彻，提前进入了婚姻生活的平淡期，于是你
的男朋友对婚姻也就没有了太多的渴望。

这说明了什么呢？当我们遇到自己的爱人时，婚前同居的时
间不应该太长，并且对于女性来说，选择与男方同居时一定要格
外慎重，因为同居对女性是十分不利的，有些男性完全没有责任
心，同居之后会不会对女性负责谁都不能保证。所以，想拥有一
个幸福的婚姻吗？想留住你最心爱的人吗？你应该减少同居的时
间，保留一些新鲜感，才能尽快地修成正果。

**案例 3——赵女士："我嫁给了一个木讷的男人，不过我感
觉自己也有些任性。"**

我与张浩结婚时已经 30 多岁了，张浩是个典型的钻石王老
五，而我是一个大龄剩女。因为都已经不再年轻，我们相识没多
久便决定举行婚礼。结婚以后，我们打算尽快要一个孩子。后

来，我怀孕了，那时候尽管工作繁忙，但他还是尽量抽空来陪我。孩子出生以后，张浩就把全部心思放在工作上，只是在家政公司雇用了一个保姆来照料我和孩子。而我，生完孩子两个月以后便回公司上班了。下班以后，我所有的时间都放在了孩子身上。张浩却一直都忙于他的工作，每次我责备他不抽空多陪一陪我和孩子时，他就说他现在要努力工作，好为我和孩子创造更加美好的生活。

就这样，随着孩子一天天地长大，对于张浩的表现我也越来越无法忍受。他从来都不抽空陪我和孩子，只知道给我钱，他把时间都献给了工作，每天都加班到很晚，甚至连周末都在加班，偶尔有工夫闲在家里他也会躲在书房里忙着研究电脑。他和我聊的最多的就是他的工作，很少问我和孩子的事情，仿佛工作就是他的全部。他每天都工作到深夜，每次他回来的时候我都已经睡着了。之后我以他半夜回来会打扰我睡觉的借口要求分房睡，没想到他想都没想就答应了。

分开居住的那段时间，我一直在考虑要不要与张浩离婚的问题。就这样，以后我们每次相见，我都会忍不住故意找碴儿，刚开始他还会让着我，这让我得寸进尺，他也渐渐变得不耐烦起来。之后，我每次与他吵完架，他就干脆吃住都在公司里，连续几天不回家。

张浩不关心我、不在意我，不代表我就没人关心、没人在意。那时候我的一个朋友黄勇正单身，他一心一意地陪着我，听我倾诉心中的苦恼。于是，本来就对我有意思的黄勇在我最难过、最脆弱的时候乘虚而入了，我和他在一次醉酒后发生了关系。事后，我觉得很后悔，认为自己很对不起这个家庭，可这也是张浩对我不闻不问造成的。

终于，我向张浩提出了离婚。我说完离婚以后张浩愣住了，他虽然生我的气，认为我不理解他，也不支持他的事业，可是他从未想过要结束这段婚姻，更何况我和他还有一个 3 岁的儿子。张浩并没有答应与我离婚，反而对我比以前热情起来，而我却认为他只不过是想挽回他的面子与婚姻，根本就不是为了挽留我。最后，他虽然不想与我离婚，但是我不断地无理取闹，他还是同意了，儿子由他来抚养。就这样，我们结婚三年多就离了婚。

可是与张浩离婚以后，我的生活并没有像我想的那样发展。的确，刚离婚那段时间我觉得很轻松，自由自在的，可是我放不下我儿子，几乎每天都会打电话给保姆问我儿子的情况，偶尔，张浩也会在一旁。他在电话里很关心我，问我过得好不好，我却觉得那只是他礼貌性的问候，并不带有什么感情。那个时候，我和黄勇也在一起了。后来，我与黄勇提及婚姻，他却一直不肯向我求婚。他说，两个人一旦结了婚感觉就会不在了。

这让我觉得十分无奈，只好向您的咨询机构求助，在您的咨询顾问的帮助下，我终于明白了张浩的好，并且，你们还帮助我，最后让我与张浩成功复婚。我也终于懂得了张浩对我的真心，他虽然并不浪漫，是个工作狂，但他是真心想与我好好生活的。他努力奋斗，尽可能地赚更多的钱来让我和儿子过得更好。对此，我已经觉得很满足了。

我的回答：

赵女士，恭喜您最后发现了真正的问题，并且及时调整了自己对爱人的认识。据我们针对离婚群体的调查，几乎所有的离婚人士在婚后都会产生后悔等情绪。大多数人都认为，如果不是在双方争吵时一时冲动，他们都不会选择离婚。上海维情网络科技股份有限公司总经理舒心表示，对于很多夫妻来说，离婚多是一时冲动下的产物。在经历多年的平淡生活后，大多数婚姻是经不起波折的。因此，人们才会在一时的冲动下选择离婚。

然而，离婚的重点并不在于离婚本身，它是夫妻双方对于婚姻本身不同程度不满的体现，是一种发泄性的行为。不过，不能每一次都为了发泄而轻易提出结束婚姻的想法，这是应该避讳的，否则，即便再次结婚，也会走回离婚的老路。所以，不要把离婚看作无所谓的事，相反，我们必须做出正确的选择，找对爱人，以避免在婚后发生太多的摩擦。

案例 4——苏女士："丈夫觉得我有疑心病，但我敢肯定他有外遇！"

我与我的丈夫都是对方的初恋，我们从在一起到走进婚姻的殿堂一共用了七年时间。七年中有一年多我们在不同的城市，但是我们的感情却没有因此而受到影响，仍旧十分相爱。婚后，他辞职来到了我所在的城市，刚开始，虽然生活过得很艰苦，但是能在一起我们就觉得非常幸福。如今，我们的生活已经变得富裕起来，丈夫需要经常出差，每个月都要出差十天八天的，虽然我并不希望他经常出差，但是我知道他也是为了工作，所以也就能够理解他了。我特别依赖他，我让他必须每天都给我发消息告诉我他一天中做了些什么，还要给我打一通电话。一开始他做得很好，但是后来他十分厌烦这样做，他说他工作太忙，不可能每时每刻都想着我，于是也不像以前那样做了。

三个月前，我去营业厅把他的通话记录以及短信记录打了出来，结果发现有一个陌生号码与他经常联系，比我与他之间的联系还多，这让我十分生气，于是去质问他。他说只是个工作上的合作伙伴，不和我说是因为怕我瞎想。后来，他与那个人再也不联系了，可我却也不再相信他了。本来我以为，随着时间的推移我会把这件事忘掉，继续像从前那样好好过日子，但是已经过去三个月了，我对此还是念念不忘。我总是会胡思乱想，总是想他与那个人发展到哪一步了，他们是不是都对彼此感兴趣，那个人会不会比我更好之类的事。

前段时间，他特地带我与他一同出差，我发现他的确非常忙碌。但是他那次出差回来以后，我还是忍不住要猜疑，每天不断地打电话给他，问他在做什么，要多久才能回家。我的这些做法让他觉得很厌烦，说我不信任他。他说他希望我能够给他温暖，而不是一次次地质疑他，我明白我的质疑会让我们的感情出现问题，但是我没有办法不去猜想，我真的不知道自己该怎么办才好。

我的回答：

苏女士，你的丈夫如果只是偶尔出差，你让他每天打电话给你那是毋庸置疑的。但是你丈夫经常出差，你的这种要求就会让他产生压力，他会感觉你不信任他，他怎么可能会不反感呢？

因为工作所以他才和朋友联系得频繁了点儿，但是你发现以后他就为了你不再与其来往，并且为了得到你的信任，还特地带你去了他出差的地点，他对你的真心你应该可以通过这些感受得到。

你丈夫工作十分忙碌，如果你不忙的话，可以多给他发几条信息来表达你对他的思念之情，让远在他乡的他感受到你的温暖，这样他便会尽量抽空来回你的信息。

你们在一起七年之久，你应该相信你们之间的感情，理解他的劳累辛苦，不能总是过于依赖他，偶尔也应当让你的丈夫依赖你。你要给他多一些关怀，不要总是瞎猜忌。他不给你打电话也许是因为太忙而忘记了，晚上你可以打电话给他，说说快乐的事情，并且要学会照顾好自己，让你的丈夫在外地也可以放心。

总的来说，我们无法遇到对的人大体有下面六个方面的原因。

1. 就经济的分担比例产生分歧

两个人在婚前就对此出现了分歧，对家庭共同生活支出和育儿支出的分担比例有很大的矛盾。双方的经济理念不同，财务观点也不一样，就会导致矛盾的出现。比如，有的男人希望夫妻双方的财产共同支配，而女人则希望分开算（她捍卫自己独立的经济地位）；夫妻一方希望由父母参与共同抚养孩子，而另一方则渴望独立的生活空间，不希望父母介入。

2. 教养水平的不同

双方教养水平与成长环境的不同，最终会造成彼此个性的不合。在我们发现对方是错的那个人时，这一理由经常被挂在嘴边说来说去。

3. 沟通的方式差别太大

沟通的方式十分关键，如果一个人喜欢大声训斥别人或者说话过于直接，就会在对方的心中留下阴影。显然，沟通是我们与爱人维持感情的主要工具，如果沟通不畅，是很难保证婚姻关系长久地持续下去的。

4. 金钱观与价值观的冲突

金钱观与价值观的不同会带来一系列的问题。两个相爱的人最好拥有相似的金钱观和价值观，因为这是保证双方凝聚力的基础，决定了双方能否在组成家庭后仍然同心协力，不会轻易出现裂痕。

5. 对父母的态度

如果你们各自都对彼此的父母持欢迎和友善的态度，那么很快就能融入到一起；反之，则会让整个家庭氛围十分尴尬。

6. 生育观念的差异

生育观念的差异体现在哪些地方呢？首先，你们在要孩子的时间上达成共识了吗？如果你想 30 岁前就生一个孩子，而对方却希望 35 岁以后要孩子，你会怎么办？其次，你们准备要几个孩子？能否在婚前就取得共识？假如这两个问题无法及早协商好，就容易出现矛盾。最后，在孩子的教育上，你们的理念冲突有多大？换句话说，你们冲突越大，你就越难把对方视为那个"正确"的人。

当然，这六个方面的原因不代表影响婚姻的全部因素，但的确是我们在选择伴侣时需要考虑的。很多成功的企业家、公司的管理者与其他领域内的成功人士都认为，相比于工作，婚姻中的问题更难处理，也更让人头疼，因为情感和婚姻实在过于复杂，往往牵扯一个人很大的精力。

这就让我们看到了一个事实，婚姻是决定未来的关键，同时也是影响你在其他领域成败的重要因素。可以说，遇到错的另一半，婚姻就成了一种折磨。

在我访问过的 5 万人当中，有三到四成的男性成功者对当年的婚姻感到后悔，他们认为自己不应该仓促地结婚，应该再等一等，看一看，直到选对伴侣。但这不过是一种理想主义的幻想，因为我们在婚后的很多事情，并不是在婚前就可以预料的。我相信有不少人都在事后感到懊恼："结婚了，可怎么跟我当初想的不一样呢？"但他们即便经历了失败的情感，在对待下一场婚姻时，仍然会是盲目与冲动的：无法肯定地告诉自己，对方是不是那个自己在苦苦寻找的人。

由此，我们可以看出，婚姻是影响人生的关键一步。

如何遇到正确的那个人，让他（她）成为自己的伴侣，避免出现这种可悲的结局呢？正因为有那么多的人因为同样的理由感到后悔不已，我们才在近年的培训中增加了婚姻的课程。我认为，在漫长复杂的一生中，一定隐藏着某些与选择爱人相关的原则。研究和了解这些原则，是我们找到正确伴侣的关键，也是让人生变得更加美好的课题，找到对的人我们才可以经营好自己的家庭，拥有幸福的人生。

如果必须选择，找个你爱的人还是爱你的人

有一天，我的咨询顾问朱诺小姐下班回到家，许久未曾联系的一名哈佛大学的校友突然给她打电话，告诉她自己遇上了一点儿事情，希望在她这里获得一些开导。朱诺说："我本以为是经济问题，没想到是感情危机，而且听起来让人啼笑皆非。"

事情很简单，朱诺的校友在毕业后爱上了一个男人，全身心地投入进来，眼看就要结婚了。朱诺的校友却因为偶然的一次机会发现那个男人其实是有家室的。那么问题就来了，她当然是很痛苦的，但接下来应该怎么办呢？

朱诺冷静地说："喂，我亲爱的同学，你还不赶快放手？"

"可是我没法放下他，我爱了他整整七年！从大学毕业开始一直到现在，你并不知道这个情况。"

朱诺劝她："你疯了不成，他都结婚了！孩子今年都已经十几岁了，你这样做又是何必呢？为什么要牺牲自己的幸福呢？"

"可是我就是爱他，无法割舍，这么多个日日夜夜我无时无刻不在思念他，如今的工作也是因为他我才去做的。"

朱诺说："即便是这样，不是你的就不是你的，千万不要奢望一个已经有家室的男人会为你做些什么，这对任何女人都没有什么好处。何况，那个人从头到尾一直在欺骗你，这样的人值得信任吗？你为什么这么傻呢？"

校友在电话中哭着说："没关系的，我可以等他的。他会看到我的真心的。"

朱诺说："男人的话你也相信？他也许只是敷衍你！"

校友反驳道："不会的，他才不是这样的人。"

两个人聊到这里，朱诺已经听明白了。自己的校友并不是到她这里寻求开导，而是希望获取支持——坚定她的爱情，放大她的情绪，以便继续坚持当初的决定——她要一直爱下去，因为她已经认定那个男人就是她这辈子在寻找的爱人。

在公司里讲述这件事时，朱诺非常感慨：一个结婚且有小孩的男人怎么就值得她这样放不下，执念这么深呢？她的身边明明有很多同样优秀并且未婚的男人爱慕她，这些男人又何尝不是爱了她好几年？她为何就是不能放下，不能着眼于当下呢？如果一个人总是盲目地追求根本不会有结果的感情，他的爱情观就一定是有问题的，他也很难找到可以给他带来幸福的爱人。

优先寻找一个"爱你的人"

在感情生活中，先坠入爱河的那一个人总是付出最多的。因此，"嫁一个爱你的男人比嫁一个你爱的男人强多了"这句话是挺有道理的，也是我们向学员推荐的一种观念——但我们不提倡刻意去这么做，而是要顺其自然。

在女性遇上爱情的选择题时，上面的那句话往往会被提出且被认同。爱你的男人会将你视若珍宝，将你放在心尖上，因为他爱你。爱你的男人会重视你的每一句话，为你做的一切只为换你一抹笑颜。

我身边有位女性朋友嫁了爱她的男人，男人很宠她，近乎有求必应。好似只要我的朋友高兴，男人怎么样都是乐意的。那时候，所有人都能看出她有多幸福。有人问她过得如何，她分明拥有很强的幸福感，却在听到这个问题后表现出不屑一顾的神情。

"我和我老公没有爱情，感情也谈不上有多深。可是耐不住他爱我啊。不管我做什么，他都不会在意。有时候我都想试试他对我的底线是什么。"

尽管她是在开玩笑，但这话却让我百感交集。遇上一个对她如此宠爱，将她捧在手里怕摔了，含在嘴里怕化了且宽容至极的男人，真的是太不容易了。但是这位朋友却如此不屑一顾，还想要看看男人的底线，真是身在福中不知福。

不过，生活中能够选择"爱自己的男人"的女人可能是很少的，更多的女人倾向于去选择那个"自己爱的男人"。她们认为得不到的永远是最好的。女人的执念越来越深，就越发执着地追求，结果直接导致那个被爱的男人跑掉，最后留下那个执念深重、一腔哀怨的女人在原地守候。

别被爱情蒙住双眼

在现实世界，爱情有时会令人盲目，有些女人也太过执着。这句话是说给全世界的女人听的，因为女人在选择爱人时习惯性地凭借感性做决定，以内心的感觉进行判断，而不是理智地去分析那个人究竟是否适合自己。有一些女人在爱情中非常主动，拼命想嫁给一个自己真爱的男人。但是有句话说得好："人太上赶着，就不值钱了。倒贴上去的，别人就更不珍惜你了。"可是总有很多人喜欢执着地为别人奉献自己的爱，而不愿意接受别人的爱。

心理学上对此类情形的解释挺有意思的，奉献爱给别人的这个过程会让人有强烈的价值感。

打一个比方来说，一个女生带着男友去见自己的朋友，让他穿着自己为他购置的衣物，见到朋友后说道："看见没？这一身全都是名牌，从头到脚都是我给他买的。帅吧？"

从言语中我们可以发现，哪怕你没见过这个人，但从她说的话中想必你都能感受到这个女生的得意。不过，若是换个角度来看，在这样的情景下听到自己女友这样说，男生肯定不会高兴。这样说他让他很没面子，自尊也会受到伤害。因此要是有一天男生离开了这个女生也是正常的。

选择伴侣时价值观比财富重要得多

一个人的价值观是否正确影响着一个人的一生。在寻找人生的伴侣时，一定要先了解对方的价值观，若与之适合再考虑结婚与否。现实中，很多人在择偶时过分看重经济条件，却忽视了价值观的重要性。事实上，一旦价值观不同的人走在了一起，在度过初期的甜蜜阶段后，价值观的冲突就会十分明显地表现出来，最终可能会导致婚姻的不幸。

最近几年来，继"闪婚"后"闪离"的现象开始频频出现在人们的视野中。有媒体采访了许多离婚的夫妻，问他们离婚的原因，得到的答案大多为性格不合。有网民甚至在网上就为何离婚发起投票，性格不合在离婚原因中一直居于榜首。

在这个世界上，没有人能够十全十美，达到你心中理想对象的要求。每个人的性格本就是不同的，人与人之间千差万别，怎么可能百分百合拍呢？不少人都认为结婚要找个性相合的人，却忘了有的人是因为爱而包容着对方。

　　婚姻是一件神圣的事情，既然选择结为夫妻就应该做好一切准备，与对方患难与共。为什么总要在婚后才说："这跟我想的不一样！"理想跟现实本来就有差距。许多失败的婚姻，归根结底就是两人的价值观不同。

　　我们还可以说得通俗易懂一些——你和他都不够了解对方的价值观，也对对方的想法不怎么认同。

　　人的价值观是在家庭与社会的影响下逐步形成的。因此每个人的价值观都是不同的，即便你遇上了与你有相同的工作、教育背景的人，你们的价值观也未必相同。

　　在婚姻当中，价值观尤为重要，因为我们在婚姻生活中解决价值观冲突的代价经常是高昂的。它不比在工作中——只要彼此配合着把工作做好就可以了，哪怕心里对对方有成见也没有关系。婚姻中一旦因价值观发生不可调和的冲突，结果往往就是家庭的破裂。

　　有一位黄女士，从小生活在富裕的环境中。黄女士的丈夫家里只是开早餐店的。两个人相恋两年，最终决定结婚。还未走入婚姻的殿堂之前，黄女士的母亲曾经询问过她是否认定了这个男人。黄女士跟她丈夫是自由恋爱，自然点头。黄女士的母亲对她说："你们两个的生活环境相差太远，婚后一定会很辛苦的。"黄女士当时不以为然，权当母亲是舍不得自己。直到孩子出生之后，黄女士才知道那是母亲给自己的忠告。

因为给孩子买东西的问题，黄女士与丈夫开始频繁吵架。黄女士嫌弃丈夫太小气，连给自己的孩子买点儿东西都舍不得。黄女士的丈夫则怪罪黄女士花钱大手大脚，不懂节制，喜欢买贵的东西。这主要是因为两人的"成长环境"差异太大，一个家里不需要顾虑太多，喜欢就买；一个家里比较节俭，即便喜欢也要等到生日或者什么节日才去买。而黄女士恰恰就是前者，看到喜欢的东西就会买。她的丈夫与黄女士有着明显的不同，长期下来两人的矛盾就多了。

若是矛盾激化，其中一方失去理性，那后果就严重了。其实，因为金钱观的差异导致夫妻失和的例子太多了。你总能听到这样的话："早知这样，在谈恋爱的时候就应该先弄清楚对方的价值观。"这样的悔悟不能说完全是对的，双方是有了一定的了解才会有好感进而走到一起的，只是没有了解得十分透彻罢了。"夫妻吵架床尾和"这句话不是说说而已，还要去做才是。

比如黄女士，她不再像往日那样随心所欲，买东西前会主动跟丈夫商量，揣摩丈夫的心思，让他将顾虑先说出来。她会说："虽然衣服质量挺好的，就是太贵了，可孩子喜欢，闹着要，要不买一件？"在这样的情况下，丈夫稍做犹豫便会答应，态度与以前相比也有了一百八十度大转变。丈夫会说："嗯，的确有点儿贵了。偶尔买一件也行，毕竟孩子喜欢。那就买吧。"

因为成长环境不同，黄女士夫妻二人在育儿态度上也有十分明显的差异。在黄女士丈夫的价值观里，孩子不能宠着，不能要什么给什么，否则孩子不但不会珍惜还会浪费金钱，孩子适当的奖励要有，同时也要让孩子知道这些东西来之不易。

黄女士的丈夫所不能接受的是黄女士在买东西时不与自己商量，这样的行为就像强买强卖，是在强迫自己接受她的价值观。而后来，黄女士改变方式，主动与丈夫沟通，成功化解了危机，两人的关系也得到了改善，一家人可谓其乐融融。

可以说，在婚姻生活中不可以强制对方接受自己的观念，没有人的价值观是一样的。婚姻更重要的是维持，经过磨合后达成共识的双方才能走得更长久。

此外，每个人都要有自己的私人空间和时间。哪怕是在家庭生活中，我们和爱人相处，也必须尊重对方的私人空间和时间。

要勇于承担家庭的责任

如果一个人对家庭没有责任心，不管他是男人还是女人，你都不能把他列入爱人的选项。责任心永远排在第一位，就像盈利永远是公司的第一追求一样。在多年的咨询工作中，我们在国内外积累了上万个案例，就责任心这一话题进行了长期的分析，结果发现，大凡产生严重的情感危机的伴侣，最重要的原因之一就是"有一方失去了对家庭的责任心"。他们对家庭不负责任，对另一半漠不关心，或者对共同的生活失去了热情，造成了双方的感情破裂。

这就告诉我们，在判断一个人是否适合成为我们的爱人时，需要把责任感列入考虑的范围。如果这一条不合格，那么不管他在其他方面多么优秀，他都不值得你去考虑。双方只有具备了强烈的责任心，拥有对家庭的热爱，才有可能过上幸福的生活。

案例 1——刘小姐："怎样让我那个贪玩的丈夫回家？"

经过两年的热恋，我们奉子成婚。就像大多数情侣那样，在结婚最初，老公给了我无微不至的关怀。我感觉自己很幸福，我的亲朋好友也说我找了个好老公。然而好景不长，孩子出生后不久，我因为工作较忙，就把孩子交给婆婆照看。而他整天跟朋友在外面鬼混，不到半夜基本见不到人。我找他谈过很多次，都没有用。他还是我行我素，每天基本上都是晚上 12 点钟以后回家。我向他朋友了解过，他都是和男性朋友一起出去喝酒玩耍。然而就算是这样，我还是没有一点儿安全感。

每次他在外面玩的时候，我总会忍不住给他打电话，对他刨根问底，想弄清他在哪里，跟谁在一起，在干什么，什么时候能回来。我知道他对我这种做法越来越不耐烦，可是我也没办法，我不想让我们之间的感情出现问题，影响到自己的孩子。我也不知道我接下来该怎么跟老公生活？我怎么做才能让我这个爱玩的老公安心地回家呢？

我的回答：

刘小姐，在看完了你的信后，我有一个问题：你的老公难道不需要上班吗？每天跟朋友玩到半夜才回家，第二天怎么还会有精力上班呢？我想，你老公家的经济条件应该不错，从他的行为中，完全没有看到一个父亲所应该承担的责任。当然，出身好并不是他的错。

在你们这一代人中，很多都是独生子女，很多男人虽然身体已经成熟，心智却不成熟，他们的心理年龄并没有随着时间而增长。仓促之下，奉子成婚，你老公可能并没有做好结婚的准备，甚至不知道结了婚后该做出怎样的改变。形式上的婚姻并不能阻止他爱自由、爱玩闹的心，也没有让他迅速地成长起来，反而使他更想要自由的空间和放松的时间。

首先，你老公的经济收入不错，家庭条件的优越使他有时间和精力去玩。其次，他并没有做好为人夫、为人父的准备，你可以给他一些时间让他适应适应。最后，你自己也应该注意一下，小孩子的教育十分重要，不能因为工作的原因就把孩子交给爷爷奶奶照顾。这样不仅对孩子的性格产生不利影响，而且也不能增进孩子与父亲的感情。你应当让你的老公体会到自己应有的责任和义务。

要想改变你目前的状况，最重要就是从现在开始，把你的女儿接回家，让你丈夫参与到家庭事务当中。孩子的变化是很快的，一天一个模样，从长牙、爬行到喊出爸爸妈妈，再到行走、跑步，这一点一滴都让你丈夫亲自体验，不仅能让他对家有归属感，也能够使他尽早肩负起自己应负的责任。同时，你也应该做出努力，多抽出时间陪伴孩子和丈夫，享受家庭生活带给你的幸福。只有两人都做出努力，你们的家庭才会圆满，你老公才不会这样一直在外面玩，贪图自由。

最后，希望你能从我的回答中得到启发，通过自己的努力，让丈夫早日明白一个老公和一个父亲应尽的责任。在此之前，还是希望你可以耐心等待和准备。

案例 2——陈小姐："我的老公几年不回家，我真后悔当初的选择！"

我和老公一起平静地度过了二十多年，有一天，他再没回过家。当我找到他的时候，他却告诉我，他不想回去了。在我追问之下，我才得知，他想去追求自己向往的生活，重新换一种方式活。然后他顺势提出离婚，我被搞晕了，我不愿意，他从此就不回来了。那一天距今已两年了。

他工作努力，也取得了一些成绩，工资收入也算不错，我有他的工资卡，但并不了解他的其他事。让我失望的是，在我如此相信他的情况下，相信他爱我和儿子时，他却抛弃了我们。

在我一个人艰难的时候，他仍对我们不管不顾，与以前那个顾家、爱我们的人形成强烈的对比，这使我迷惑不解。

我始终不明白这是为什么，他为何会变成这样？

我不了解是什么原因导致一个女人被一个男人厌烦，我冷静地考虑了一下，我到底是犯了什么无可挽回的大错，让他做出了这样的决定。可我自认为，我虽然已年满四十，却仍然注意保养，会依具体场合化不同的妆，绝不算丑。我与公公婆婆也没有产生分歧，我们分开生活，我会定时给他们买礼物，逢年过节时祝贺他们。老家有事的时候，我也从未阻拦过老公寄钱回家。

我平时买衣服，一个月就一两件，也不算太浪费，所以我认为不会是这个理由。我选择的工作并不太累，我只是想多照顾家里，多为他分点儿忧，让他在工作上更专心。当然，我承认，我脾气有点儿坏，爱撒娇，可我只是想和他多待一会儿。种种理由，我都思考过，可我怎么也找不到造成如今局面的根源，我们的婚姻到了现在的这步田地到底是为什么呢？

我的回答：

陈小姐，虽然你和他一起经历过生活上的种种困难，你在他背后一直支持他，但当他成功之后终究会有一些变化，你还在他的背后守护着他，默默地等他回头，却不懂，他不再理睬你的默默奉献，甚至已经开始谋求改变，他心中早已产生新的人生目标。

感情的问题，无法分清对错，但你们对婚姻的看法不一样了，他在经过十多年的磨难后改变了他的生活观念，你却仍坚持自己的理念，企图凭借你和他过去的经历和自己的真心来挽回他，可他对你的爱已经因为事业上的成功而不复存在了，他曾对你产生的内疚也在两年时间中消散了。也许，你已经发现了危机，并尝试着努力改变现状，但如果漫长的守候真的改变不了什么，也挽回不了他对你的爱，不如就此放手。如果他愿意净身出户的话，那你就可以以这样的方式与他和平分手。他已不能再给你幸福，你不如索性换个角度看待这个问题，以全新的生活态度去追求自己新的归宿。

远离那些总是把工作当作借口的人

人们不应该老是把工作当借口，而忽视对家庭的照顾，这样的人在我们看来，就属于不适合成为伴侣的那类人。

我们要在分担家务的过程中体会责任

有一位被妻子扫地出门的证券公司员工叹息着说："我当初应该多分担一些家务的，因为这就是我们离婚的理由。她现在后悔当年遇到了我，说如果早知道我是个懒汉，绝不会嫁给我！"

家务问题十分重要，这已经成为造成爱人之间出现严重矛盾乃至分手的最重要因素。我们不要强迫对方做家务，而应以一种双方都能接受的方式来共同分担，并且从中体会到责任的重要。

共识：在一开始就进行约定

很多人都以过来人的经验告诉我们，要想让对方心甘情愿地分担家庭义务，最好有一套明确的"协定"。也就是说，我们与爱人一定要明确分担某一项任务的理由、形式，然后再开始执行，这样才能减少分歧。这项工作一开始就要做好，要反复沟通，消除疑问，形成一个彼此都认可的约定，这有利于我们与爱人建立深度信任的关系。

爱人能在背后给我们提供支持

爱人可以为我们提供智慧

爱人"发达的大脑"会是你的一大助力，让你在人生中的重要时刻获得帮助，增加自身的竞争力。对此奥美加拿大分公司的市场总监巴伦先生就深有体会，他在一次培训合作时对我说："我最感谢的就是我的妻子，如果没有她，我可能早在十年前就变成了一名每日只操心衣食住行的送水工。她鼓励我不要被现实击倒，让我重新焕发奋斗的激情；她发现了我的优势，并帮助我制订工作规划；她每天陪伴在我的左右，让我仅用了两年时间就从一名超市送水工变成奥美广告公司的重要一员。"

再比如，美国前总统奥巴马的贤内助米歇尔，她利用自己聪明的头脑，在竞选时期以一种得体的手段委婉地为奥巴马拉到了许多女性的选票。是她在美国民主党大会上的激情演说让整个会议的氛围达到高潮，她感动了许多人！

爱人往往能够不遗余力地提供他（她）的智慧，帮助我们分析现实处境，制订一些实用的计划。他（她）们能够给我们提供另一种难得的视角。换言之，我们都离不开另一半为我们出谋划策，只要你找对人的话。

必要时爱人可以为我们提供经济支持

每个人在经营事业的过程中都缺不了贤内助的支持，甚至从某种意义上来说，成功的男人背后总是站着一个默默筹集资金、而自己却节衣缩食的伟大女人。很少有人在创业一开始就拥有雄厚的资本，很多资本需要另一半和自己一起筹集，甚至需要对方独自奉献。当你遇到一位愿意提供经济支援的爱人并且对方还深爱着你时，你还犹豫什么呢？也许她并不是你最爱的人——这正是我要强调的，这样的人可能比任何人都适合与你结合。

就像米歇尔，她不仅是芝加哥大学医疗中心副董事长，更是在六家机构担任董事。众所周知，她的经济能力早就超过了奥巴马，可她却将家庭放在第一位！在奥巴马竞选总统时，她甚至辞去了芝加哥大学医疗中心副董事长的职务，只为丈夫助选。

现在，你遇到这样的爱人了吗？我们这些年整理、研究了许多案例，经验告诉我们，什么样的爱人才是最可靠的——他们即便没有金钱，没有资源，也会和你一起吃苦，共同筹集事业所需的资金。假如你遇到了这样的人，千万不要放走她（他）。

爱人可以为我们提供重要的社会资源

人脉资源除了通过自己去开拓，还可以通过自己的爱人来获得。他们有另一个人脉王国，恰好可以对你的人脉形成有益的补充。当两个人的人脉资源结合在一起时，往往就能发挥出意想不到的效果。对方可能有很多朋友，正好是你需要的；对方也可能知晓一些渠道，能够在重要的事情上助你一臂之力，我们需要这样的资源。

比如在 2004 年，美国伊利诺伊州联邦参议员民主党初选时，奥巴马竞选成功是因为当时获得了芝加哥商界不少领袖的大力支持，这其中少不了米歇尔的帮助。可以说米歇尔为她的丈夫铺好了一条大道，只等奥巴马走上去就可以了。米歇尔与那些商界领袖交情不浅，这在奥巴马竞选时发挥了很大作用。

爱人可以为我们提供一个温暖的家庭

一个男人最大的财富，便是他的妻子为他营造的温暖的家。家永远是温情的，也是我们背后的避风港，让我们免去奋斗的后顾之忧，也让我们不管成功还是失败都有一个地方可以倾诉。

就像前面说的，在每一个成功的男人身后都有一个伟大的女人。奥巴马第一次竞选总统，他的妻子米歇尔为他辞去了年薪丰厚的副董事长职务，专心为他助选。奥巴马的成功与妻子米歇尔的倾力相助是密不可分的。值得人们注意的是，米歇尔并不是一个工作狂，她在公务繁忙时也会抽出尽可能多的时间来陪伴和照顾自己的丈夫与子女。奥巴马完全不需要担心太多，只需要一路往前。米歇尔一直在他身后，整个家庭都为他提供支持。

史密斯曾讲过他在刚进入我的机构工作时的一个故事。那时我的机构处境十分艰难，我和他每天拼命地节省支出，从早晨六点工作到凌晨两点，有时也感到绝望。史密斯每天半夜都会开着车回到他在郊区的家，当他悄悄地打开房门，试图在客厅的沙发上小睡一会儿时，就会发现妻子正在厨房给他熬粥。她把热腾腾的夜宵端上来，抚着他的背，问他今天累不累，叮嘱他一定要注意休息，然后陪他吃完饭，再让他到床上休息。

"每天都是如此，从来没有间断过。"史密斯感慨地说："我最想跟她说的一句话就是'谢谢你'，我对她的爱日益增加，这辈子注定与她相依为命。"

为什么史密斯如此激动地谈论起这么一件看起来很普通的小事？因为在现实生活中，当一个人的事业遇到低谷时，另一半可以不发一句抱怨而是始终默默支持、并用家庭的温暖充当后盾的人实在太少了。很多人都向我反映：当他们加班加点忙完工作回到家，希望好好休息一下时，妻子给予他们的经常是一腔怒火和满腹牢骚，而不是一个温暖的港湾。

爱人的眼光与视野可以与我们互补

我们不是什么事情都可以做到，我们不能孤军奋战，我们需要爱人的支持。这尤其体现在思维、眼光和视野上，对方可能拥有得天独厚的优势，能够与我们形成互补，并且成为我们事业上的好帮手。

难得的黄金组合：你找到自己的爱人助手了吗

男人最盼望的就是可以与爱人组建一个"黄金组合"，一同创业。"夫妻店"听起来像是传统的创业模式，但在现代企业中也有它的立足之地，其前提是你必须找到一个合适的"爱人搭档"，就像陈天桥的妻子雒芊芊那样的女人，她在公司的内部管理上是一把好手，也是丈夫离不开的左膀右臂。

雒芊芊是盛大集团的执行董事，也是一个美丽而聪明的女人。1999 年公司刚刚创立，雒芊芊便担任了董事，此后也担任过公司多个重要职务。在盛大公司创立之前，雒芊芊就曾在其他公司担任项目经理。她毕业于中国金融学院，取得了国际投资专业学士学位。

她也是一个贤惠的妻子，与他们熟识的朋友都打心底里觉得他们郎才女貌，是一对名副其实的"黄金组合"。陈天桥每天都要参加各种谈判，进行社交活动。而妻子便负责管理公司的内部事务，公司内部的员工都比较年轻，将她看作自己的朋友，大家都亲昵地叫她芊芊。无论是员工过生日还是生小孩，陈天桥都会抽出时间打电话与他们沟通，他们都说陈天桥会这么心细，都是因为董事长夫人的提醒。

在面对媒体时，她从来都不高调，也一直都不愿意接受记者采访，她愿意在幕后默默付出。了解她的人都清楚，这个聪明贤惠的女子，是陈天桥为事业打拼时不可或缺的人。重要的是，两人不但价值观相同，而且雒芊芊的性格较为温婉，与陈天桥爱说话、爱表现的张扬性格刚好相配，产生了互相补充的效果。

婚姻中我们需要和爱人各司其职。在这方面，吴征与他的妻子杨澜就做得很好，两个人共同创业，也是各司其职、密切配合的典范。

杨澜和吴征两个人的结合比较特殊，他们都是在离过一次婚以后才遇见彼此，并且结为夫妻的。对此，杨澜的说法是："爱情并不需要太过理智，想要结婚时就去结婚，想要孩子就生孩子，无须有太多顾虑。"只不过，杨澜的婚姻远远没有她说的那样平凡，她与吴征两个人不光是伴侣，更是事业上的好搭档。

2000 年，杨澜和吴征共同创办了"阳光文化"，杨澜的身价还一度飙升到了 14 亿港元。在提到他们两个人如何在事业上分工合作的时候，吴征表示，他的主要工作是资本操作和管理，而妻子负责设计。"我们的想法和观点都很像，有共性，又各有各的优点，互补对方的缺点，能够搭档配合，一起创业"，吴征认为，能遇见杨澜是他这一生的幸运，正是因为有杨澜的帮助，他才幸运地取得了成功。

我们为何如此强调爱人在背后的支持呢？

第一，无论你的事业有多大，工作多有成就，管理的员工有多多，你每天仍然需要拿出时间和你的爱人交流，对方是你的半边天，当然也是你人生中最重要的另一半。没有爱人的支持，你可能什么事都做不成。

第二，不管我们有多出色，都无法左右和改变所有的事情。总有一些情况是我们意想不到的，也是无能为力的。最能无怨无悔地帮助你的就是你的爱人。一定要记住这一点——在这个世界上，只有你的爱人和你真正是一体的，其他人都不是。

第七篇

CHAPTER 07

知己篇

找到可以倾听你的人

人的一生中，知己是很难遇到的。你和他之间（也可以是异性）必须是一种相互了解的状态。就算你什么都不说，对方也能明白你的心意，并和你保持高度的一致——他不一定同意你的观点，但他一定是善意的，愿意与你沟通交流。重要的是，你们了解彼此的性情、为人，在任何时候都愿意支持和相信对方。

倾听是一个人难能可贵的优点

寻找喜欢和愿意倾听你的人，和他们做朋友，进而看有没有机会和他们成为知己——这就是我的建议。曾经有一名加州大学的年轻人向我请教伴侣的选择问题，我没有告诉他应该选择什么样的人，而是对他说："如果你的结婚对象愿意和你聊天，愿意听你说话，那么你们的婚姻生活很可能会是非常幸福的，至少对你而言，随着年龄的增大，你会发现这是对方的优点。"

国内一著名演员在接受采访时曾经说："我40岁了还不结

婚，是因为一直没有遇到合适的人。什么样的女孩才适合呢？就是可以随时随地和你聊天的。"

你可能会奇怪地问："这还不容易吗？"事实上这相当困难。聊天很简单，愿意聊天的人很多，喜欢听人倾诉的也不在少数，但"随时随地"就很难做到了。比如，你在半夜遇到了困扰，想把心里的话说给对方听，多数人可能很不高兴地回绝你："这么晚了，明早再说吧！"然后扭头就睡了。那么你倾诉的欲望立刻就会消失，对对方的印象也会大打折扣。久而久之，你们之间的情感就会出现裂痕。

这个世界上很多人都能做普通朋友，但就是不能做知己，因为绝大多数的人都做不到"随时随地"听对方倾诉这一点。我们可以静下心来想一想，看一看，拿出自己手机上的电话本挨个查一查，问问自己："这些人中有哪些是我可以随时随地打扰的？"到最后你可能会发现竟然寥寥无几。

对方愿意听，也不代表你想说什么就能说什么

即便有一个人拿你当知己，视你为最好的朋友，也愿意听你倾诉，在半夜两三点毫不犹豫地接你的电话，也不代表你可以把任何东西都倾吐出去。

在现实生活中，有的人的确人缘不错，与他们认识的人很多，和他们关系很好的人也不少。于是他们就养成了一个毛病，

任何一点儿小事都想告诉朋友，说起来没完没了，让人非常反感。对方客气一点儿，会说他们是"嘴贫"，实在烦透了，可能就觉得他们口不择言，最后就不再拿他们当朋友了。

即使是与我们朝夕相处的家人，或是亲密无间的爱人，我们也不能想说什么就说什么，想什么时候说就什么时候说。对于自己最好的朋友，心灵的知己，我们也要确立一些原则。

1. 尽量不在休息时间去打扰对方，比如深更半夜。

2. 尽量只说重要的与必要的事情，不要整天去讲一些琐碎无聊的烦心事。

3. 尽量不要失礼，保持足够的距离，别过度深入对方的生活，也避免把自己所有的隐私都告诉对方。

有了这三条原则，你再翻看一下自己通讯录上的名字，看看这些人里面，有哪几个是符合上面标准的——你能否遵守这些标准？他们中又有哪些人遵守了这些标准？就我十几年的培训经历来看，多数人在进行了这一步的自检之后，都是有些悲伤的——因为合格的人很少。往往在这个时候，人们才意识到自己的生活中几乎没有知己，也才发现自己对朋友做得远远不够。

最后问一问自己：我有没有倾听的习惯

你要拿出自己的态度——用真诚和耐心去倾听别人，听一听你的朋友有什么烦心事，帮助他们排忧解难。这样你就能实现与知己的互动，赢得对方的认可和尊重。事实上，很多人之所以没有知己，就是由于他们自己的话太多，完全顾不上听一听对方的想法。

向知己倾诉要适可而止

有一天，我跟一位女性朋友吴小姐一起吃饭。她在洛杉矶已待了六年，性格很外向，属于有什么事都愿意对人说的那种女性。饭桌上，吴小姐一直抱怨，眼神充满不屑，说："知道我最烦什么吗？就是那些没有耐心的人。别人跟他们说点儿什么事情，刚讲几分钟，他们就受不了了，动不动就找借口走开，不给人留面子。平时还是好朋友呢，到了关键时刻就靠不住了！"

我知道吴小姐是一个平常有事就找人掏心窝子的人，她一点儿也不坚强，心里也藏不住事。遇到工作不顺心，情感不如意，和朋友有了冲突，她都喜欢找一个人没完没了地倾诉，并把这当作信任别人的表现——我信任你，才向你倾诉，否则才不找你呢！这就是吴小姐的原则。

但我认为，无论你和对方的关系有多好，互相的倾诉也要适可而止，否则你就有视对方为情绪垃圾桶的嫌疑。有些事情翻来覆去讲许多遍，对方早就听腻了；有时候对方没有太多的时间听你唠叨，或者忙于工作，或者有事要出门，而你还在不停地重复那些没有实质意义的话，对方肯定会厌烦的。

如果你倾诉过度，必然会把朋友吓走，也会让对方和你产生距离，不敢与你聊天，惧怕和你沟通。说白了，有这种毛病的人，是难以找到知己的——就算普通朋友也不会多，因为大家都想让自己的耳朵清静一点儿。

过度倾诉的恶果——别人会把你当成情绪的垃圾桶

当然，站在你的角度看，你倾诉有自己的立场，也有自己的理由——或许工作不顺心，或许过于孤独，或许受到同事的冷遇，或许受到客户的欺负，等等。这都是理由，也是容易让人觉得你的倾诉具有某种"正当"性的因素。有这些因素存在，你便会觉得向朋友倾诉是自然而然的，而朋友就必须听你没完没了地唠叨。就像吴小姐说的："我需要发泄自己的郁闷和不满。在这个时候，我那些闺中密友不站出来，我又能去找谁呢？她们必须是我最佳的倾诉对象！否则干吗当我朋友？"

这话听起来有一定的道理，但并非所有人都会认同。简而言之，人们愿意短时间内成为朋友的"垃圾桶"，听对方倒一倒苦水，抱怨一下，给对方心理上的安慰，但却不会容忍对方每天都向自己的耳朵里扔"烟头"，吐"苦水"。

有谁愿意成为这样的角色呢？倾诉必须适可而止，要防止倾诉过度引起对方的反感，进而不再拿你当朋友。

倾诉的原则——适当并且避免重复

我一直在课程中强调，向别人倾诉一定要采取适当的方式并且避免话题的重复。既不要太激烈，也不要太隐晦，必须在倾诉时把话说明白，告诉对方自己需要哪方面的帮助。我们得平心静气地讲，千万避免像少数人那样在朋友面前吹胡子、瞪眼睛，就好像自己的不幸全是面前这位倾听者造成的一样。

同时，还得选对时间，要在正确的时间向朋友倾诉，和知己交流。你总不能老在半夜把别人叫醒，强迫人家坐在沙发上听你唠叨到天明。总是这样做的话，就算再好的朋友也会厌烦的！

我的咨询机构的顾问爱德华教授认为，尽管倾诉在心理学上是用来宣泄情绪的一种方式，但不是解决心理问题的唯一方法，也不是最好的方法。如果我们心中有苦闷，适当地进行倾诉是可以的，比如在压力很大时进行一定时间和一定程度的倾诉是没有问题的，但必须找对人，选对方法，控制时间。

怎么做到适当呢？可以设定一个程序，提出一些要求，然后严格地按照这些既定的要求去做，不要冲破设定好的底线，否则倾听者很容易就能发现你生活中负面的东西，并加以放大，对你的印象变差。

爱德华教授说："朋友之间的过度倾诉，实际上是一种对于情感宣泄的不良引导，可能会让事情极端化。过度倾诉就如同一种毒品，让身体和心理上瘾，我们一天不倾诉，一天心情就不能平静，如此一来，朋友就会对你敬而远之，谁也不愿意活在你的话语垃圾的杀伤范围之内，而你也更难从中走出来了。"

重要的是，千万不要每次都重复同一个话题、宣泄同一种情绪或者拿同一件事抱怨个没完，这会让对方觉得你缺乏基本的自省能力。有的人的确如此，跑到你跟前发牢骚，把一件事从头到尾说个遍，你耐心地听，真诚地讲，给他们出谋划策，他们也频频点头，好像想通了，但第二天又跑过来重复一遍昨天的话。对此，你一定很烦。

一个人如果每天都听你的"车轱辘话"，耳朵早就生了厚厚的茧，恨不得离你越远越好，还会跟你做朋友吗？

交往中要注意与人保持适当的距离

我们与别人的最佳距离是多少？要知道这个答案，首先得明白，在人际交往中距离分为两种。第一种是物理距离，第二种是心理距离。人们在相处时总会同时面对这两种距离，能否把握好这两种距离，关系到你能否在与知己的互动中赢得对方的认可和尊重。

对于物理距离，我们和知己之间不要住得太近，因为大家整天在一起不是什么好事。

对于心理距离，我们必须给对方留出私密空间，不要什么事都和对方产生交集，否则会影响你们之间的关系。

反面案例——从知己到"仇敌"

艾伦和伯科特在 2010 年的一次商务聚会中成了好友，两个人都在电信行业工作，都拥有十年左右的工作经验，又在各自的公司担任相同的职务。这些让他们的关系迅速拉近，经过几个月的交流，他们发现彼此在价值观和理念上非常一致，志趣相投。

在一次聚会后，艾伦说："嘿，兄弟，我们真是人生知己呀！"

为了对得起这样的关系，他决定辞掉华盛顿的那份工作，来到曼哈顿伯科特所在的公司面试。两个人成功地变成了同事，可以每天面对面地聊天、做事，友情迅速升温。发展到最后，双方决定做邻居，在购买房屋时他们选择了同一座小镇，两套房子只有 100 米的距离，步行几分钟，穿过一个街口就能到对方家中做客。

两个人的距离拉近了——以前隔着 200 公里，现在只有 100 米了。艾伦和伯科特的关系变得更好了吗？起初当然是这样的，他们白天一起工作，晚上一起开车回家，吃完饭一起欣赏棒球比赛，分享各自的见解。这简直是一种让人嫉妒的友情，除了妻子和孩子，他们是对方心目中最重要的人，亲如兄弟，且无法替代。

但是，艾伦和伯科特的幸福生活只维持了短短的 8 个月，各种烦恼就接踵而至。艾伦感觉很郁闷，他在社交网站上发文说："我有一个心灵知己，彼此无话不谈。于是我们决定住到同一条街，并在同一家公司工作。但我现在突然发现，一切并没有如我想象中那般顺利。他是我需要的朋友吗？他是我心目中的知己吗？我发现他有很多缺点是我不能容忍的，他爱喝酒且酒量很大，酒后容易失态，还乱摔东西；他看球赛时的习惯也不好，总是大呼小叫，表现得过分热情。可我是那么喜欢安静，不管干什么我都不喜欢发出太大的声音。"

另外，他还对伯科特在聊天时喜欢打探自己的私生活感到不满，认为这不应该是一个知己做的事情："我不想被人指手画脚，但他偏偏喜欢这么干！"伯科特是有这些毛病，但问题是，谁没有一些令人讨厌的坏习惯呢？只不过，距离的拉近放大了它们，让以前美好的感觉荡然无存了。

在伯科特的眼中，艾伦的形象也在迅速地恶化。他觉得艾伦实在过于安静了，完全不是以前每隔一个月在商务聚会上交流时健谈和睿智的形象："他的话太少了，虽然偶尔说出的话还是那么犀利，但我不喜欢太闷的人！"当伯科特兴致勃勃地和他讨论球赛的细节时，艾伦总是以点头或只是"嗯"一声来回应他。

久而久之，两个人就在互相"厌恶"中疏远了关系。开始时只是由每日一聚变成了三日一聚，慢慢地，两个人就每周一起吃一次饭了。再到后来，他们连每周一次的聚餐干脆也取消了，变成了只用电话交流。又过了两个月，艾伦决定搬走，离开他的"知己"。

正面案例——适当的距离让关系保鲜

我的合伙人史密斯曾向我讲述他在为美国众议院情报委员会工作时的一次经历。他在那里认识了一位名叫休斯·霍芬的中年男士。他是经常出入众议院的美国军工企业的一名掮客，在财团和政府之间牵线搭桥，从事公关工作。但休斯是一个很好的人，尽职尽责地做好自己的工作，同时又厌倦了这样的生活。

他遇到了史密斯，两个人相见恨晚，第一天他们就在咖啡厅里聊了两个多小时。为此，史密斯推迟了下午的会议，和他从政治聊到经济，又聊到了世界历史。他们在很多重大问题上都有相同的见解，并把对方视为知己。

史密斯说："我很尊重他，很想帮他脱离'苦海'，介绍他到我的团队工作。但就在我即将开口时，我克制住了这种冲动，因为我不想失去这样的朋友。不，他不是朋友，是比朋友还要珍贵的那种人，我们可以在对方那里找到一块净土，毫无顾忌地谈论任何东西，但又不需要深入对方的生活，了解对方的一切。这是一种美妙的距离，让我们都有足够的空间。假如这种距离被改变了呢？比如我们成了同事、邻居，甚至每天无话不说的哥们，将会发生什么？"

史密斯非常小心谨慎。他只是和休斯先生保持了一种邮件联络的渠道，连私人电话都没有留给对方——休斯当然也是这么做的。这种舒适的感觉一直维持下来，现在八年过去了，两人的关系仍然很融洽，每周都会互通邮件，交换对重大事件的观点。

我问他："你现在怎么评价休斯先生，还当他为知己吗？"

史密斯肯定地说："当然，这种感觉不但没有减弱，反而随着岁月的流逝越来越强烈。我们都不想结束这种关系，因此保持距离格外重要，以免当了解加深时变得互相憎恶。你知道，我们已经看到了太多类似的悲剧。"

我们在人际交往中，一定要与人保持适当的距离，注意给双方留有足够的空间。

如何赢得尊重

我们怎样在交往的过程中赢得对方的尊重呢？如何让别人因为尊重你成为你的朋友，和你交心？这不仅是交际的学问，也是非常重要的自我提升课程。你不能只盯着沟通或社交的技巧，还应将目光放在自身的修养上。

在一次课程中，我对来自华盛顿的 560 名学员说："在现代社会中，追求平等是一件好事，很多人把人格看得比薪水还重要。为什么？大家都想让别人尊重自己。但具体应该怎么做呢？

我认为你不要管别人，要先看自己，看看自己是否有足够的条件获得别人的尊重。"

那么在日常的生活和工作中，我们该如何来做，应该遵守什么样的原则才能赢得别人的尊重呢？

第一原则：做一个自爱和自尊的人

最重要的一条，就是自尊自爱。一个人必须洁身自好，保持人格的独立，才能为赢得别人的尊重打下一个坚实的基础。你对自己有了足够的重视，别人才有可能尊重你。假如你事事都认为"我无所谓"，自轻自贱，那么别人自然不会太在意你的意见和感受。

你怎么赢得尊重呢？人们会在背后说："这个人一贯没有底线，也不自爱，我们不必拿他当回事！"

还有一种不自爱和不自尊的表现，那是过分迁就他人。别人说什么就是什么，自己没任何意见，这就会在无形中贬低自己的价值，抹掉自己的存在感。比如有些人在追求爱情时，就很容易忘记这个原则。他们不自重，没有人格，放弃了尊严。这就很可怕，因为一个不重视自我价值的人，经常会给异性一种不自信的感觉，又会怎么会赢得别人的尊重呢？

千万要记住，尊重自己的人才是有魅力的。你尊重自己，说明你有自信。一个充满自信的人，走在哪儿都是容光焕发的，也会比别人拥有更多的机会，容易获得交际对象的青睐。

第二原则：要有自己的主见

这一原则要求"有主见"，不轻易被他人左右。我们在生活和工作中经常见到这样的人，他们一听到别人对自己的评价就格外紧张，十分在意别人说的话。在受到赞扬之后就会飘飘然起来，盲目地自我陶醉；在受到批评和否定时又立马感到沮丧，十分消极，对自己来一个全盘否定。

这就是没有主见、没有自我的表现。假如你也经常这样，那就需要尽快地调整，不要太在乎别人的看法，也不要活在别人的眼光里。太在乎旁人对你的评价，你就会畏首畏尾，精神压力也会很大。现实中，别人的意见只能当作参考，不能代替你自己的想法。

第三原则：不要成为顽固派

知错就改是一种美德，这样的人也会获得尊重。人们在工作中难免会有失误，在决策时偶尔会失去理性。这都没关系，重要的是能及时承认并改过，这样就可以赢得人们的尊重。至少，由于你知错就改，人们便不会再那么强烈地指责你。

很多人因为太好面子，所以不敢认错，也不想认错。更有甚者，会用新的错误来掩盖旧的错误，在错误的道路上越走越远。其实，认错代表着坦诚和直率，这样会让人们更愿意和你合作，也愿意和你交往，成为你很好的朋友。

第四原则：懂得尊重别人

想让别人尊重你，愿意和你做朋友，最起码你也要尊重别人。很多人在现实中自视清高，目中无人，对别人傲慢无礼，一副"唯我独尊"的样子。他们以为这样就能抬高自己，得到别人的尊重。但事实上，这样只会让人对你敬而远之，唯恐避之不及。你只有尊重别人，才有可能赢得对方的尊重，并在相互尊重中获得对方的支持和理解。

第五原则：要真诚待人

真诚不是说出来的，是做出来的，你一定要以真心待人，不能虚情假意，也不能口是心非。你要从最简单的见面打招呼开始，在言行举止的细节中体现你的真诚，并且感染对方。

你要懂得适当地体谅别人，遇到争议时经常换位思考，站到对方的位置上考虑一下。设身处地地想一想——如果我遇到了这样的事情，会是什么样的心情呢？这样你就容易理解和体谅对方了。

　　你要勇于承认错误。在发现自己做错了的时候，要主动承认，别为了面子死不认错。同时在别人做错的时候，要以适当的方式给对方指出来，并帮助对方改正。